增强团队凝聚力 提升员工归属感

透彻分析员工行为和语言背后的真正需求与动机

打造让每一个员工都有归属感的团队

优秀团队建设

创造每一个员工都想要归属其中的组织

孙义 张钦 ◎ 编著

中国顶级团队建设专家10年经验总结

9大场景，50个团队管理难题逐一击破

人民日报出版社

图书在版编目（CIP）数据

优秀团队建设：创造每一个员工都想要归属其中的组织／
孙义，张钦编著. --北京：人民日报出版社，2018.2
ISBN 978-7-5115-5219-8

Ⅰ.①优… Ⅱ.①孙…②张… Ⅲ.①组织管理学
Ⅳ.①C936

中国版本图书馆 CIP 数据核字（2018）第 002549 号

书　　名：	优秀团队建设：创造每一个员工都想要归属其中的组织
作　　者：	孙　义　张　钦
出 版 人：	董　伟
责任编辑：	刘天一
封面设计：	陈国风
出版发行：	人民日报出版社
地　　址：	北京金台西路2号
邮政编码：	100733
发行热线：	（010）65369527　65369846　65369509　65369510
邮购热线：	（010）65369530　65363527
编辑热线：	（010）65369844
网　　址：	www.peopledailypress.com
经　　销：	新华书店
印　　刷：	北京德富泰印务有限公司
开　　本：	710mm×1000mm　　1/16
字　　数：	184 千字
印　　张：	13.5
印　　次：	2018 年 6 月第 1 版　　2018 年 6 月第 1 次印刷
书　　号：	ISBN 978-7-5115-5219-8
定　　价：	45.80 元

前言 >>>
Preface

如果你现在手中有一个团队,你处在"龙头大哥"的位置上,你要怎么把这支团队领导得风生水起呢?你要如何给这支队伍注入能量,达到自己的目的呢?你又该如何提升这支团队的凝聚力,让这个团队充满归属感呢?

对所有追求绩效的团队领导来说,这是一个既简单又困难的命题。为什么说它简单呢?因为带团队无非就是三个方面——自主、思考和协作。只要把这三个方面做到位,就没有带不好的团队。

但是,任何问题都有两面性,大部分领导在带团队的过程中,都会多多少少遇到一些棘手的问题,比方说:

——找不到合适的团队成员;

——团队制度制订难,执行难,维护难;

——上下沟通不通畅,很多有效信息被延误;

——团队成员普遍安于现状,缺乏创新精神;

……

这些问题都不容易解决,让许多团队领导者十分头疼。如今,商业竞争越来越激烈,团队管理中存在的问题和弊端随时有可能把整个团队推下悬崖。于是我们开始反省:到底团队管理出现了什么问题?为什么会出现这样的问题?我们要怎么解决这些问题?

实际上,上述所有都反映出一个最本质的问题——团队缺乏归属感。

优秀团队建设：创造每一个员工都想要归属其中的组织

我们每个人的心态分为两个方面，积极心态和消极心态。人如此，团队也不例外，每个团队都有积极的氛围和消极的氛围。当一个团队充满积极的能量时，整个团队就充满着巨大的向心力，每个人都会感到巨大的归属感；但是，当一个团队处于非常消极的氛围中时，整个团队就犹如一潭死水，惊不起半点涟漪。

也就是说，每个团队最根本的问题是要关注人。什么叫有归属感的团队？就是一个团队具有强大的协作能力、执行能力和顺畅的沟通能力。在团队共同的目标下，全员能够发挥最大的热情，充满干劲，一起为了目标而努力。

了解过管理学的朋友都应该知道一个名词叫作"污水与酒"。把一杯清澈的酒倒进一桶污水中，污水还是一桶污水，并没有什么变化。如果把污水一杯一杯地倒进一桶清澈的白酒里，最后清酒还是会变成一桶污水。所以，对于团队领导者来说，团队就像是一桶清澈的酒，假如其中有些成员把负能量带入了团队，还不断"传染"，就像是往清酒里倒入污水，整个团队都会变"污"，以至于最后给整个企业带来威胁。

所以，领导者在管理团队的过程中，一定要团结人心，让团队长期保持正能量，让每个成员都带着积极的情绪工作。这就要求领导者必须提高管理水平，创造团队的归属感。

不管是几十个人的小公司，还是遍布全球的世界500强企业，想要做好团队建设，提升团队归属感不可忽视。本书围绕如何提高团队的归属感展开叙述，帮助团队领导者们解决一些比较普遍的团队管理问题，创造一个让每个员工都充满归属感和自豪感的团队。

本书借助大量生动易懂的案例，以及作者多年来的管理经历，对于领导者该如何做团队建设进行了深入浅出的分析。书中并没有高深的理论，也没有绕口的哲学，每个章节都追求通俗易通，希望各位读者在阅读过后都能有所收获。由于个人水平有限，在编著的过程中难免出现一些差错，敬请广大读者批评指正。

目录 >>> Contents

第一章 ▸ 团队精神：会带团队的领导才是好领导

在一个优秀的团队中，作为领导，拥有突出的领袖气质和完备的个人素质是基本条件。领导者应该把自己的领袖气质转化为对团队成员的认可、鼓励，创造公平、开放的工作氛围，要明白团队才是最佳的生存之道。领导者要树立明确的团队目标，激发下属的潜力，集合团队力量，让团队变得越来越强大。

1. 团队是最佳的生存之道　→ 002
2. 树立团队目标，劲往一处使　→ 006
3. 扬帆远航，与团队一起成长　→ 013
4. 提升个人魅力，激发下属心智，让动力源源不断　→ 017
5. 团队第一，个人第二　→ 023
6. 危机来袭，共担风雨　→ 027

第二章 ▸ 伯乐相马：先把团队组织好，再把团队管理好

著名企业家尤金·克里夫说过："经营企业即经营人，人才的选择与使用乃是企业的生存之本。"因此，人才的任用对一个团队来说尤为重要，领导者不仅要学会如何选人识人，还要学会从合适的渠道找合适的人。组织好团队后，一定要让每个成

员发挥所长，做最好的自己。用对的人，做对的事，才能促进团队的和谐发展。

1. 从合适的渠道，找需要的人 → 034
2. 火眼金睛：用人必须先识人 → 038
3. 让每个员工做最好的自己 → 041
4. 领导者需要识别的三种人才 → 044
5. 只有找对人，才能做对事 → 048

第三章 制度规范：有规矩才有方圆，用制度规范团队

一个团队离不开合理的制度，如果没有制度的约束，所有人为了维护各自的利益难免会产生摩擦，进而使得每个人都觉得自己受到了不公平的待遇。而如果制订一个与所有人的利益都休戚相关的制度，就会对所有人的行为有一个约束，使结果相对公平，每个人也都无话可说，不会抱怨什么。

1. 维护团队制度，人人有责 → 054
2. 奖惩分明才会使员工积极向上 → 058
3. 问责从领导开始，奖励从下属开始 → 063
4. 把问题尽可能设在制度里 → 066
5. 善用"末位淘汰制" → 070
6. 严守纪律，时刻走在团队要求的轨道上 → 074

第四章 有效沟通：让团队建设畅通无阻

在带队伍的过程中，很多领导者都会遇到这样的难题：会开了无数次，话说了一大堆，可员工就是听不进去。在管理中，有效的语言沟通不仅能让领导者提高管理效率，更能让领导者节省精力。所以，运用科学的沟通方式将有助于促进员工之间

的相互了解，有助于促进上下级之间的默契配合。

1. 平等是沟通交流的前提 → 080
2. 要倾诉更要倾听，倾听让沟通更容易 → 084
3. 不仅要知道"说什么"，还要知道"怎么说" → 088
4. "保龄球效应"：变不满为认可 → 092
5. 团队切勿伤和气，处理冲突有技巧 → 097
6. 尊重差异，创造团队整体的和谐 → 100

第五章 互相协作：提升团队战斗力

对于一个团队来说，没有完美的领导，只有完美的协作，然而，团队成员之间积极配合的基础是相互信任。在工作的过程中，我们还要学会和他们共享资源，学会向他们寻求帮助，和大家分享成功的喜悦。团队不需要个人英雄主义，只有提高了团队的协作能力，才能提升整个团队的战斗力。

1. 没有完美的领导，只有完美的协作 → 110
2. 信任员工是协作的基础 → 113
3. 懂得分享，不独占团队成果 → 118
4. 帮助别人就是在帮助自己 → 121
5. 团队不需要个人英雄主义 → 125

第六章 挑战创新：集思广益，拓宽团队思路

创新是团队生存和竞争的基石。任何技术、思维、观念都是随着时代的变迁而变迁，团队要想顺应时代，走在行业前列，形成强大的竞争力，必须长存创新意识，依靠创新提高效率，依靠创新打造精品。

优秀团队建设：创造每一个员工都想要归属其中的组织

1. 不断学习新知识，让团队思维永不枯竭 → 130
2. 不按套路出牌有时很管用 → 133
3. 具备攻坚意识，敢于挑战新的目标高峰 → 136
4. 摒弃负面情绪，让灵感蜂拥而至 → 141
5. 让团队专注于最擅长的领域 → 144

第七章 积极行动：好领导让团队工作更高效

管理的最终目标是提高和发展生产力，而这一目标必须通过调动员工的积极性与主动性，以及有效地提升执行力来实现。领导者抓管理，就是要通过管理让员工形成务实的工作作风，提高执行能力，从而在不找借口、不折不扣的工作行动中提高实际成效。

1. 遇事应该果断地做出决定 → 150
2. 培养一支有主动性的团队 → 154
3. 积极地将信息分享给团队成员 → 158
4. 别让拖延症影响整个团队 → 160
5. 高调当好领导，才能高效地执行 → 164

第八章 建设团魂：提升团队凝聚力

在优秀的公司中，每个领导都具备相当的"领袖气质"。这种领袖气质会转化成鼓励、开放、认可、公平、诚恳等团队气质，使团队的力量都集中到一起，涌动着积极向上的生命力。

1. 没有团队文化的团队就是一盘散沙 → 170
2. 整合员工小目标，成就团队大目标 → 174
3. 一荣俱荣，培养集体荣誉感 → 177
4. 争做优秀"领头羊" → 180

5. 锻造领导乐观力，让团队信念永不垮 → 183

第九章 团队为赢：创造有归属感的团队

员工是种子，团队是沃土，稚嫩的种子只有投身于团队的沃土中才能生机勃勃，茁壮成长；企业是船，员工是船员，大家只有同舟共济，荣辱与共，企业这条船才能载着所有的人挥戈猛进，扬帆远航！

1. 激发员工自豪感，让员工以团队为荣 → 188
2. 包容员工，接纳意见，拒绝"一言堂" → 191
3. 让好队员打心底里想"加入团队" → 196
4. 由"打工者"到"主人翁"的转变 → 199
5. 真正的成功是让团队具有归属感 → 202

第一章

团队精神：会带团队的领导才是好领导

在一个优秀的团队中，作为领导，拥有突出的领袖气质和完备的个人素质是基本条件。领导者应该把自己的领袖气质转化为对团队成员的认可、鼓励，创造公平、开放的工作氛围，要明白团队才是最佳的生存之道。领导者要树立明确的团队目标，激发下属的潜力，集合团队力量，让团队变得越来越强大。

优秀团队建设：创造每一个员工都想要归属其中的组织

1. 团队是最佳的生存之道

现在是一个团队至上的年代，没有人是一座孤岛。个人离开团队，前途将是一片渺茫。可以说，所有的事业和成绩都是团队努力得来的，依靠个人的力量在现在这个社会已经很难取得大的成就。说起团队，不得不提到狼群，我们几乎可以把狼群当成团队精神的代名词。

在一望无际的草原上，大雪过后，草地一片白茫茫，很多动物都已经进入冬眠期，但是，狼群必须为自己的生存寻找食物。在这种艰难的环境下，想要找到食物简直就是一项不可能完成的任务。因此，狼群必须保存体力，因为可能奔波数天都不会有收获。它们如果不保存体力的话，在这样极端的环境下，根本坚持不了几天。

聪明的狼群想出了一个办法——接力捕猎，这样它们既能保持体力，又能延长生存时间。领头的狼体力消耗是最大的，因此它坚持一段时间就回到队伍的最后休息一段时间，养精蓄锐，然后接着投入到捕猎当中。

狼群捕猎时，有战略战术和各自的任务，每一匹狼都不能擅自离开团队。有的狼负责骚扰猎物，有的狼负责追赶猎物，有的狼负责捕获猎物，一切分配得井井有条。

食肉动物们非常喜欢把动作敏捷的羚羊作为猎捕的对象。为什么会这样呢？因为羚羊不知道集体作战，每当受到袭击，羊群

第一章 团队精神：会带团队的领导才是好领导

就飞速地跑开。然而，即使羚羊的速度再快，也没办法突破敌人的围堵。团队精神让狼群度过严冬，而缺乏团队精神让羚羊成为别人嘴里的餐食。

动物如此，人更是如此。特别是在当今这样一个分工精细、合作共赢的时代，离开了团队，一个人很难成功。任何一项工程、一个项目，都需要团队的力量。同时，也只有团队才能生存，才能立足，才能大胆竞争。

世界著名管理大师彼得·德鲁克说："企业的成功靠团队，而不是个人。"这句话说到了关键。在现代经济局势中，没有任何一个人能够拥有全部资源并独立地完成所有的事情。无论他有多么伟大多么富裕，拥有多么大的权力，他都不能。每一个人都必须依靠团队的力量才能将个人的能力完美地呈现。在现代社会，早已没有全能的个人，只有完美的团队。因为有很多事情必须依靠团队里每一个成员相互协作、共同努力才能完成。只有团队才能爆发出令人震惊的力量，才能创造出让人惊叹的事业奇迹，才是最佳的生存之道。

从游戏开发到航天工程，从三峡大坝到高铁路线网，越是伟大的工程越需要团队的合作；越是能合作的团队，才越能取得成功。在竞争空前激烈、瞬息万变的时代，一个人的力量再强大，也会被合作时代的洪流无情地淹没，唯有集合所有人的优势和能力、取长补短、合作奋进，才是创造奇迹的有效路径！

微软的成功，绝非比尔盖茨一人之功。比尔·盖茨的力量再大，也不可能在两年之内写出 Windows XP 的 5000 万行代码，这个工程是微软的 500 多名工程师奋斗了 2 年才获得的成果。这 500 多人中的任何一个人，无论能力多么出众，也不可能完成这样的任务，取得这样的成功。只有团队，才有无穷的力量，才能无所不能。

优秀团队建设：创造每一个员工都想要归属其中的组织

微信同样是团队合作创造的成功。现在，微信几乎是我们生活中必不可少的社交工具了。聊天、联系朋友、发布信息、支付账款……几乎无所不能。2011年1月24日iOS版本发布，三天后，Android版发布，又过了两天，Symbian版发布。到2011年12月21日，微信Windows Phone语音版发布，一年时间，全力以赴的微信团队进行了4个平台共44次的迭代更新。这个软件绝不是腾讯老板马化腾或是微信团队的核心人物张小龙单独一个人完成的，而是一个大团队共同完成的。微信团队里任何一个人也都不可能完成这样庞大的工程。只有团队协作，才可能获得成功。也正因为成功，团队才能生存，才能在风起云涌的互联网大潮中站立潮头，屹立不倒！

没有全能的个人，只有完美的团队。团队合作才是当今时代最佳的生存之道！作为团队的核心带头人——团队的领导，应当比团队成员更懂得这个道理，更明白如何把团队里的每一个人都紧紧地团结在一起，充分发挥每一个人的力量，集所有的力量于一起，完成任务，取得成功。

这就需要领导人给团队成员传达团队精神的理念，让每一个成员都具有团队合作的精神，让每一个成员都明白，一个互相信任、互相支持、互相依赖的团队，会无往而不胜。

所谓团队精神，简单来说就是大局意识、协作精神和服务精神的集中体现。简单地说，也就是团队里的每一个人都需要拥有互相帮助、互相支持、合作互助、不计牺牲、甘心奉献的精神。团队精神的核心是协同合作，最高境界是全体成员有共同的目标，团队具有巨大的向心力、凝聚力，个体利益和整体利益高度统一，从而保证组织的高效率运转。

团队精神一旦建立，对团队的作用就十分显著。

首先，团队精神能够激励员工向那些优秀员工看齐。通过团队成员之间的良性竞争促进团队的和谐发展，而且，这种激励不仅仅局限于物质方面，精神激励更容易获得其他人的认可和团队员工的尊重。

其次，团队精神能让每个人都朝着同一个方向前进。对团队中的每一个个体来说，团队的目标就是自己的目标。要实现团队的整体目标，就需要每个人保质保量地完成自己分内的工作，落实自己的责任。而这种落实，离不开团队精神的指引。有了共同的方向，团队成员就有了归属感。只有有了归属感，团队成员才会愿意去承担团队工作中的相关责任，并下意识地去维护团队的利益和荣誉。团队是成员成长的一个平台，只有团队成员有归属感，主动把团队事业当成自己的事业、主动承担责任，团队才不会成为散沙。

再次，团队精神能够约束团队中每一个成员的行为，使他们自觉与团队保持一致。团队精神之所以有约束和控制作用，是因为团队内部有统一的观念、和谐的氛围，大家的行为规范被统一约束，这种约束力不是强制的、被迫的，而是潜移默化的。所以，团队精神的控制作用更持久。

最后，团队精神能把所有的团队成员凝聚在一起。因为团队精神的核心要素就是团结协作，互帮互助，共同努力，因而每一个有着团队精神的成员都会这样做，把大家的目标当成自己的目标，把团队的利益看成自己的利益，从而心往一处想，劲往一处使，使团队紧紧地团结在一起，形成巨大的合力。

团队精神是关系到团队兴衰存亡的关键，也是个人获得职业发展的决定因素。一根筷子轻轻被折断，十双筷子牢牢抱成团；一个巴掌拍不响，万人鼓掌声震天。从来没有全能的个人，最完美的只能是每一个人都充分合作的团队，经营团队才是我们最佳的生存之道。优秀的团队领导，最重要的工作就是要把这样的理念传达给每一个团队成员，让每一个成员都明白：自己的成功只能依靠团队，团队的成功就是自己的成功。完美的团队会拥有无穷的力量，生存的能力也将远远大于个人！

2. 树立团队目标，劲往一处使

什么是团队？

管理学家斯蒂芬·P·罗宾斯认为：团队就是由两个或者两个以上的相互作用、相互依赖的个体，为了特定目标而按照一定规则结合在一起的组织。

百度百科的解释是：团队是由员工和管理层组成的一个共同体，其有共同理想目标，成员愿意共同承担责任，共享荣辱。在团队发展过程中，经过长期的学习、磨合、调整和创新，形成主动、高效、合作且有创意的团体，解决问题，达到共同的目标。

从这个定义可以看出，并非任何一个组织都可以叫团队，只有"有共同目标和愿景、能团结协作、能力可以互补、遵守共同规范"的组织，才可以称为团队。也就是说，团队是以目标为导向，以协作为基础，遵守共同规范，在技术或能力上形成互补的共同体，是为达成同一目标而聚集起来的最适合的人员构成的组织共同体。

而共同的目标，是团队之所以存在的关键基础和前提。一个团队究竟能够产生多大的合力，很大程度上取决于这个团队中的成员是否能够"拧成一股绳"，把所有的力量集中于一个方向促使团队前进。而想要做到这一点，团队就需要拥有强大的凝聚力。在如今这个讲求团队合作的时代，只有凝聚力强的团队才能够在团队间的竞争中取得优势，从而保持团队的生命力。

作为团队的领导，要为团队设定共同的目标，让大家协同配合，每一

第一章　团队精神：会带团队的领导才是好领导

个人都向着同样的目标和方向努力，团队才可能爆发出惊人的能量，做出真正的成绩。

什么是团队目标？就是团队成员内心深处的一种共同目标和愿景。优秀的领导清楚地知道团队的目标和愿景，并能够将这种目标和愿景转化为所有团队成员共同的目标，有效地激励他们，让团队拧成一股绳。大家心往一处想，劲往一处使，团队就成为了一个坚强有力的整体。

无论一个乐团、一个企业、一个研发团队，还是企业，团队整体的目标对于团队的成功至关重要。如果对于团队整体目标缺乏认同感，团队成员都我行我素，率性而为，自以为是，团队就没有业绩可言，个人也会因为缺乏协作精神而被团队所抛弃。协作永远是使自己受益的同时也让别人受益，只有懂得团队协作的人，才能明白协作对自己、他人乃至整个团队的意义。一个拒绝协作的人，也会被成功拒绝。

每个领导都想让自己的团队上下一心，发展壮大，但如果不定好目标，这样的愿望很可能不会落实。所以，团队领导要想创造一个员工愿意归属其中的团队，定好目标至关重要。

曾经率领韩国、澳大利亚等国家队在世界杯上获得好成绩的荷兰足球名帅希丁克说："领导者应该是一个把自己的目标变成整个团队的目标，并且能把团队的目标转化为个人目标的人。"2002年世界杯结束后，希丁克表示：韩国队之所以能进入前4强，其"神话"的原动力是树立了具有挑战性的目标。对此，希丁克强调说："有目标就要坦白表现出来。设立目标是不用谦虚的，目标越明确越鲜明越高越好！韩国队的成绩就证明了这一点。目标定得越高，就会越努力，也才会更接近目标。韩国和韩国队都树立了大目标，并且为成就目标而努力，我为他们感到自豪。"

优秀团队建设：创造每一个员工都想要归属其中的组织

目标的力量是巨大的。马云的商业帝国阿里巴巴能迅速崛起，成为一流的互联网企业，与马云一次又一次树立的远大目标、绘出的高远蓝图密切相关。很多团队的快速成功，都是因为有一个宏大而明确的目标在指引，在导航。

没有共同的目标，团队很有可能就不会产生。比如企业发展初期，创业的团队大多是由具有相同价值观和共同目标的人组织起来的，大家把这个目标作为共同追求的价值取向。只有这样，大家才会以这个方向为奋斗的依靠，彼此间会放弃一定的成见和个人利益，一心一意向着目标奋进。很多创业成功的优秀企业，最开始走的都是这样一条路。

> 阿里巴巴创业团队的成功，其共同目标的激励功不可没。创业团队的核心人物马云，是一个激情四射、梦想高远的人。他经常说："梦想总是要有的，万一实现了呢？"
>
> 1995年9月，创业之初，马云只有30岁。那时的他就有一个互联网的梦。这一年马云因精通英语被邀请赴美做商业谈判的翻译，一次偶然的机会接触了互联网。当时在美国互联网正方兴未艾，而在中国触网的人还寥寥无几，他看到了网络改变世界的巨大能量，从美国带回了创业梦想。回国后，马云便决定辞职并创办中国第一家互联网商业网站——中国黄页，并把"建成一家世界一流的、让中国人为之骄傲的公司"作为自己的目标。在辞职前的一个晚上，马云邀请24个朋友一起来"共议大事"，朋友们的反应出奇地一致，23个人说不行，只有一个人说可以试试。但马云没有理会朋友们的"逆耳忠言"，反而坚定了自己行动的决心。为了梦想，马云义无反顾，一头扎进了互联网的"汪洋大海"，于是一个现代版的阿里巴巴神话从此开始。
>
> 一起创业的"十八罗汉"和他一样，把"建立一家世界一流的公司"当作创业的目标，大家心往一处想，劲往一处使，齐心

努力，不计付出。阿里巴巴终于初具规模。

1999年2月21日，阿里巴巴第一次员工大会在马云位于湖畔花园的家中召开。当时有人问马云阿里巴巴的前景，马云说：以50万元起步的阿里巴巴将来市值将达到50亿美元。这是马云那时候的目标，在当时却被很多人当成是"吹牛"。

2002年底，互联网冬天刚过，马云提出，阿里巴巴2003年将实现赢利1亿元。这在当时是不可思议的，要知道，当时还有许许多多的中国人并没有成为互联网网民。用互联网赚钱，而且赚一个亿？痴人说梦吗？

但阿里巴巴团队的人不这么想，他们埋头苦干。还不到年底，目标已经实现了。2003年年终会议上，马云又定下了新的目标，他提出2004年实现每一天利润100万元，2005年实现每一天缴税100万元！

当这两个目标轻松达到后，马云更是"口出狂言"——要在中国一个小城市创造一个世界一流的企业；要在5年内让阿里巴巴成为世界十强；要做一件伟大的事，要以B2B模式为互联网服务模式带来一次革命！很多人认为，马云就是一个疯子！但现实却让这些人哑口无言，阿里巴巴团队再次轻松地实现了这些目标。

到后来，当马云提出打造能活102年的企业、创造100万个就业机会、10年内把"阿里巴巴"打造成为世界三大互联网公司之一和世界500强企业之一、"淘宝网"交易总额超过沃尔玛等梦想时，已很少有人再感到吃惊或者怀疑了。因为他们相信，马云和阿里巴巴的目标就没有实现不了的！

有人问："创业之初马总是如何让十八罗汉众心归位的？"马云说："十八个人不是团结在马云下面，而是团结在我们共同的理想与目标下面。一个团队的忠诚与团结，和是否忠诚团结在一

优秀团队建设：创造每一个员工都想要归属其中的组织

个人周围一点关系都没有。关键是，你作为创业的一分子，是否坚信，是否忠诚于你们第一天共同树立的目标和使命。我们十八个人都是平凡的人，但是这十八个人，拥有着一个共同的梦想。大家始终忠诚于这个梦想，始终团结在这个梦想下面，这就是十八罗汉众心归位的秘诀。"一个团队，有共同目标和共同价值观，才有凝聚力、战斗力、创造力，才能勇往直前，才能无往不胜。这，也许正是阿里巴巴成功的秘密！

不仅仅是阿里巴巴和马云，许多创业公司的崛起，都源于团队共同目标的激励。腾讯，现在是国内最大的即时通信提供商，QQ是中国人最熟悉的通信工具。它的创始人马化腾和他的创业团队，也是因为共同的目标，从两三个人的开发小团队开始，在七八年间将这只不起眼的小企鹅做成了举世闻名的大企业。马化腾在2006年博鳌亚洲论坛上谈到创业时说：

"我们腾讯在过去的七八年的发展历程中，最开始的两三个人怀有一个最初的梦想，就是希望能够通过通信打造一个互联网中国人的社区网络时，一步一步发展起来。在这个发展的过程中，我非常赞同'成功源于梦想'这句话。"

成功源于梦想，源于目标。对于团队来说，共同的目标才是成功的方向盘。目标才有把团队成员的全部力量集合起来的"魔力"，它可以最有效地协调不同个人的行为，让大家心往一处想，劲往一处使。一流的团队有着远大的目标，二流的团队有着短期的目标，三流的团队没有目标，只有任务。所以优秀的团队领导人，都是善于绘出蓝图、制定目标，并且让未来的目标和蓝图引领整个团队，把大家紧紧地聚在一起。

说起乔布斯，大家浮现在脑海里的是什么？乔帮主？苹果电脑？3C帝国？颠覆传统？乔布斯之所以能取得成功，除了他有敏锐的观察力、聪明的头脑，敢于创新、不断改革，更重要的是，他是一个敢于幻想、敢于为未来绘制蓝图的人。他为他的团队树立了一个美好的愿景，这个美好的愿景为他赢得了优秀的团队，打下了万里江山。

20世纪80年代，乔布斯邀请当时的百事可乐总裁约翰·斯卡利加入自己的团队，并且对斯卡利说出了那句最经典的话："你是想一辈子都在这里卖可乐，还是跟我一起改变世界？"这句话听起来像是个玩笑，但就是这句玩笑，彻底改变了斯卡利的人生和苹果的未来。

约翰·斯卡利也是一位世界顶尖人才，年轻有为，31岁就成为百事最年轻的高管，出任市场营销副总裁，34岁登上《商业周刊》封面，38岁成为炙手可热的百事可乐候选掌门人。

这样的人才，哪个企业不想据为己有？乔布斯也不例外。可是，在人们看来，斯卡利是绝对不会离开百事旗下的，因为在斯卡利获得百事掌门人候选人资格的时候，他的命运就注定和百事密不可分了，就连斯卡利自己都这么认为。于是他果断地拒绝了乔布斯向他伸来的橄榄枝，但是，当乔布斯不远万里来邀请他共进晚餐时，斯卡利还是礼貌地赴约了。

醉翁之意不在酒，晚餐期间，乔布斯不停地向斯卡利诉说自己的希望、目标和苹果未来的蓝图，在他充满激情的演说结束后，他向斯卡利询问意见。

斯卡利回答道："我了解了苹果的工作之后，确实让我感到兴奋……但是，史蒂夫，我很愿意给你做顾问，我愿意尽我最大的努力给苹果提供帮助。因为这么多年以来，你是我遇到过的最棒的人。但是我还是得跟你说，我不想去苹果公司，薪水再高也不行。"

听完斯卡利真心实意的拒绝，乔布斯陷入了沉思。然后，乔布斯抬起头，非常诚恳地对斯卡利说："你是想一辈子都在这里卖可乐，还是跟我一起改变世界？"

优秀团队建设：创造每一个员工都想要归属其中的组织

这句话像电流一样贯通斯卡利全身，他整个人都被这句话点燃了。

过了几天，斯卡利终于按捺不住内心的煎熬，毅然决然地辞去了百事的职位，加入了苹果。他的改变让所有人大跌眼镜，他说："如果我没有接受去苹果的请求，我可能会永远陷入深深的自我怀疑中，每时每刻都思考自己是否真的失去了改变世界的机会。"实际上，说服斯卡利的并不是乔布斯，而是苹果公司伟大的目标。

伟大的目标，对于一个团队来说，就像是梦想的力量，它督促人们努力奋斗，引导人们为了自己的梦想而积极向上，吸引着人们去追求。

既然团队目标这么重要，那么对于领导者来说应该如何科学地树立团队目标呢？跟着下面的三步走，相信会容易很多。

第一步：着手对团队进行调查。

如何对团队进行调查？方法很简单，就是跟每个团队成员进行谈话，让他们说说自己对团队的看法和意见。这一点非常重要，一方面，可以加大领导者和团队成员间的互动，让每个成员觉得自己是被需要、被重视的，增强员工的归属感；另一方面，这一行为可以让领导者获取团队成员的信任，让员工们正确认识团队的目标，在日后的工作中落实团队目标。

第二步：对目前所有的信息进行分析。

在完成对整体团队的调查后，不能盲目地就设立团队目标，应该综合各位成员的看法和意见，对这些信息进行分析思考，给自己一个缓冲期，把盲目冲动带来的影响降到最低。要记住，领导者应该是理智的，不是冲动的。

第三步：与团队成员一起确立团队目标。

树立目标有一个 SMART 原则，即具体的（Specific）、可衡量的（Measurable）、可实现的（Attainable）、相关的（Relevant）、有最后期限的

(Time-based)。领导者要带领所有的成员,在这项原则的指导下,达成一致,树立团队共同目标。这是最后一步,也是最重要、最关键的一步。

一个人的目标,定得再高再完美,都只是你一个人的幻想,如果得不到团队所有成员的认同和支持,就只能是痴心妄想。真正完美的团队目标一定是所有的团队成员都认同、赞赏并为之热血沸腾的远景,这样的目标才能真正激发团队的力量。

不过,过于高远的目标只适合激励,不适合执行。要使目标具有可行性,具体而实际的目标是必要的。也就是把大目标化成一个一个小目标,这样就更容易实现,并保证不会偏离大目标的正轨。这需要领导者起到"定海神针"的作用。

如果没有具体的计划和脚踏实地的奋斗,再美好的目标也只是海市蜃楼。只有树立明确的团队目标,大家的力气往一处使,每天不遗余力地奋斗,才能形成积极的团队文化,团队才能快速地发展。

3. 扬帆远航,与团队一起成长

江河入海,孤雁入群,个人最后也会归入团队,一个人想要在职业生涯里有所建树,一定离不开团队的帮助和支持。团队领导更是如此。真正优秀的团队领导,不仅要带着团队扬帆起航,直向远方,更要懂得如何与团队一起成长,并且引领员工和自己一道与团队一起成长。

作为领导,难的不是自己能力的提高,而是会不会带领自己的团队一起成长。如果只是自己在前面跑,团队却士气不足,没有挑战性、战斗力,这样的领导,不可能做出多大的业绩出来。一个懂得带领下属提高本

优秀团队建设：创造每一个员工都想要归属其中的组织

领的领导，才能受人拥戴。一个人的成功不是真正的成功，团队的成功才是成功，团队里人人都成功，才是最大的成功。

站在团队的立场来看，最大的危机就是领导者或者员工的成长速度落后于团队的发展速度，成为脱离大部队的孤雁。没有与时俱进的领导者和团队成员，团队也会岌岌可危。马云的经验就是：一个团队要想成功，"必须依赖并关心员工"。他说：

> 你的员工、你的团队是唯一能够改变一切的力量。员工是帮助你实现梦想的基础。大企业总是抱怨创新过程中所碰到的问题，他们不知道如何实现目标，原因是他们没有倾听员工的意见。他们把太多的精力花在了股东身上。股东会给你很多意见，但是在执行过程中，他们却会离你而去。股东随时都在改变主意，但是你的员工却总是和你站在一起支持你。我记得2000年和2001年是最艰难的时候，当时只有一群人同我并肩作战，他们就是我的同事。他们说："马云，未来两年你不用给我发工资，我会和公司一起坚持到最后，因为你尊重我们，因为客户需要我们。
>
> 2001年的时候，我又犯了一个错误，我告诉我的18位共同创业的同仁，他们只能做小组经理，而所有的副总裁都得从外面聘请。现在十年过去了，我从外面聘请的人才都走了，而我之前曾怀疑过其能力的人都成了副总裁或董事。他们现在都非常出色，因为他们相信自己的能力。所以我想告诉大家的是，多关注员工，因为他们是有家庭有梦想的人。他们不只是为了工作而工作，他们还带着他们的梦想并与你共同分享。

这算得上是马云的肺腑之言，是从阿里巴巴成功的经验和用人的教训中总结出来的带团队的经验。一个只顾自己利益、不会培养下属共同成长的团队领导，注定做不出很辉煌的业绩。能带好下属的领导，都是在一次次的授权中，帮助下属提升，让下属在一次次的调整中提高并改变自己。同时也在大家一次次的成功中收获团队的成功，这才是最好的团队领导。

和团队一起成长，领导者除了要制定正确的团队发展方向，还需要具有竞争意识、进取意识和学习意识。在现代社会，谁的竞争意识强，谁就能夺得市场先机；谁的进取意识越强，谁就不会被时代大潮所抛弃；谁的学习意识越强，谁就能迅速地跃上时代的前沿。想要领导团队奋勇前行，实现目标，领导者务必要有这种意识，在领导团队前行的过程中，也不断丰富自己，让自己不断成长。

蒙牛的掌门人牛根生曾经说过："凡系统，开放则生，封闭则死。人亦如此。"因此，作为一个团队的领导者，必须要时刻吸取新的知识，让自己知识储备库处于实时更新的状态。拥有了不断求知的心态，才能真心接受和理解他人，用新知识、新思想、新动态武装自己，获得竞争优势。因此你需要调整自己的思维方式和一些观念认知。

（1）不骄傲不自满

领导者最忌讳的就是骄傲自满，就是自以为是，就是自以为天下第一，谁的话都听不进去，谁的方法也瞧不起。这样的领导是难以成长的。"空杯"的心态很重要，向团队里的每一个成员学习，向工作中的每一个人学习，向每一个值得学习的人学习，从团队成功的经验中学习，从团队失败的教训里学习，这样的领导，天天都在成长，时刻都在进步。

（2）不要高估自己的能力

一个优秀的团队里，人人都是专家，领导者自然更是团队专家中的佼佼者。但没有一个人是全能的，特别是在融入一个团队并开始合作工作后，每一刻都是新的，都在给你新的挑战。丢掉"专家"的帽子，会让你用一个开放的心态去倾听他人所说的话。那时你有可能发觉，一个你眼中的"初学者"也会教给你一些东西。在这一过程中，你的成长会更快捷。

（3）营造团队学习氛围

身为领导者，光顾着自己进步是不行的，想要保持整个团队的平衡，

优秀团队建设：创造每一个员工都想要归属其中的组织

让团队的力量不断壮大，领导者就要带领团队共同进步。领导者要以身作则，激发每一个员工的学习热情，这样才能让团队变得更团结，团队的目标也就更容易实现。哈佛商学院的一名教授曾经做过一项调查，调查对象是美国东部一千多家大小企业的首席执行官。最后他发现，不管企业的规模是大是小，不管所处的行业是否有前景，只要这家企业的领导者善于学习，这家企业做出的成绩就比那些不爱学习的领导者带领的企业发展得更好。这也证明，真正能做大的公司，领导者都是善于学习的。

美国总统本杰明·富兰克林说："省下随处花掉的钱，把它们都用来充实头脑吧！因为，没有人能把你学到的东西拿走，没有什么比投资知识的回报更大了。"

学习型领导不能光说说而已，也不能三天打鱼两天晒网，必须要坚持到底，给团队成员做出一个榜样，这样的领导才能让团队中的每一个人都心服口服。

想成为一名称职的管理者，光有管理能力是不行的，还需要后天的不断学习，想要自己的领导能力越来越出色，就必须终生学习，活到老，学到老，做一个学习型的领导者，和团队一起成长。

（4）不断改变既有思维模式

在现在这个竞争的时代，作为领导者必须要紧跟时代的步伐，改变自己的思维模式。领导者要根据员工的需求来调整管理方式。别人可能在你刚刚开始尝试探索的时候偷偷地笑你，但是自己可以选择是否去在意别人的看法。只有脱离了外物所累，才能专注于现在所行之事。别再为那些"观众"的意见而牵绊自己前进的双脚。忘了他人的冷言冷语，你往往更容易做出上佳的决定。

俗语说得好："逆水行舟，不进则退。"一个人一旦停止了下来，一旦对于自己的才识、能力满足起来，不久他们就将被不断发展的时代抛到后面去。所以，团队领导要善于学习，善于在管理团队的同时不断促进自我的成长。

（5）不保留自己的技能

团队领导通过工作分解，将团队工作转化为若干任务交给若干下属去完成，但是最终，只有领导能对结果负责。所以，团队领导不能仅仅当一个分配工作的人，还要当一个指导下属去把工作做好的人。面对没有经验的下属，分配任务后更需要指导和督促。不能不管三七二十一地要求下属把工作做完做好，有任何差错，就对下属一阵漫骂。犯错是免不了的，正是因为犯了错才能学习到真正的技能，才能得以提高。领导要让下属认识到自己的错误在哪，督促下属在错误中进步。多跟下属探讨完成任务的好方法、好形式，下属能想到办法最好，想不到就要启发他、帮助他一起想，直到他逐渐掌握了处理这一类问题的方法和技巧。不要保留自己的技能，不仅不会抢了你的饭碗，反而会大大提升整个团队的素质和能力。

好的团队领导者，不是独善其身的前行者，而是与大家共同进取的合群者。他的任务并非仅仅独立潮头手把红旗，更要稳立船头，指挥扬帆起航，指引大家共同努力，一起向前航行！

4. 提升个人魅力，激发下属心智，让动力源源不断

常常听企业的管理人员"吐槽"："我觉得我现在手下的人啊，一点工作激情都没有，上班就像挤牙膏一样，说一下动一下，整个死气沉沉的，工作效率太低了，老板对我们的工作越来越不满意，客户的意见也很大……"

实际上，员工"僵尸化"的情况在各大企业，各个团队都是普遍存在的。这一现象带来的负面影响，让团队领导者们十分头疼。

优秀团队建设：创造每一个员工都想要归属其中的组织

不用说，"僵尸员工"的存在给团队带来的影响是非常消极的，他们在工作时通常拿不出百分百的努力。不仅如此，他们的创新能力也非常欠缺，对于市场情况的变化，他们要花很长一段时间才能消化，这是非常不利于团队竞争的。根据一项调查显示，有21%的员工在团队里属于"僵尸"状态，而且这部分员工的抱怨比那些决定辞职的员工还要多。

周健在一家进出口贸易公司担任销售部经理。他最近悲哀地发现，员工们每到周末都很兴奋，每到星期一都有气无力。每到午休时间，他都会听到员工在茶水间小声说："时间过得可真慢啊，明天要是休息就好了！"

看到自己部门的销售额持续下滑，周健十分焦急。为了提升销售人员的自身素质和能力，周经理每周向员工们推荐一部积极向上、振奋人心的电影，并且自己花了很多时间在网上找资源，把电影下载下来传给员工。

周经理以身作则，每个月结束时，都会把员工召集起来，办一次本月电影交流会。他规定员工每看完一部电影，都要写一篇观后感。每个月周经理都会选出一篇写得最好的观后感让大家学习，并给写作者一定的物质奖励。此外，他也经常将自己观后感发到员工的邮箱里，希望和员工们多多互动。

但是，最后的效果并不好，员工们似乎对这件事并没有多大的兴趣，大部分员工只是在应付差事而已，观后感也是在百度上查的。于是，周经理的这项活动最终也无疾而终了。

这还只是问题的冰山一角，更严重的问题是，每当周经理给员工布置新的工作任务时，员工们一点斗志都没有。当公司准备推新产品上市时，总能从销售部传出一些不和谐的声音："这个宣传怎么做啊，一看就不好卖啊！""这样的产品怎么可能卖得出去！""这次的新产品根本没有竞争力，越来越差了"。

第一章 团队精神：会带团队的领导才是好领导

团队成员缺乏动力，固守以往经验对市场做出判断和操作，简单机械的工作方式让他们变得更加墨守成规、不求突破。就算部门业绩在不断下滑，员工们也毫不在意，根本没有要改正的意思。

为什么会这样？

为什么马云手下的员工就那么自觉主动，充满激情？为什么我的团队就这样死气沉沉、毫无生气？也许作为团队领导，你应该从自己身上找找原因了。

马云的激情和魅力众所周知。马云善于演讲，而且每一次演讲都能很快打动他人，迅速把别人拉到他的阵营里来。当年他与孙正义见面，才讲了6分钟，孙正义就同意为他投资2000万元！他的激情对他团队的影响更是巨大。他总是能轻易地感染并影响他人，这一点让他这个团队领导的魅力无穷。1999年，马云的创业并不顺利。在湖畔花园他的家中召开阿里巴巴员工大会时，马云手舞足蹈地发表激情演讲。他激情四射地说：我们就是往前冲，一直往前冲！十几个员工手里拿着大刀，也跟着他一起：啊！啊！啊！向前冲，向前冲，有什么好慌的？正是这种豪情四射、无惧无畏的魅力，使他的创业团队成员都忠心耿耿、死心塌地地跟着他，一直向前冲，一直向前冲，冲出了现在的阿里巴巴集团，冲出了现在的世界一流公司！

有魅力的领导人能有效地凝聚团队的人心，这种能力也叫"向心力"。在中国的民营企业团队里面，凡是能够做大的，几乎都离不开这样一个充满领袖魅力的领导人物。

领袖魅力可以体现在许多方面，比如睿智、风趣、善解人意等，都可以成为你吸引别人的魅力。

以阿里巴巴董事局主席马云为例，《福布斯》杂志对马云的形容是：深凹的颧骨，扭曲的头发，淘气的露齿笑，一个5英尺高、100磅重的顽童模样的人。但就是这样一个马云，却让很多人在见到他第一面的时候就喜欢上了他，为什么？

优秀团队建设：创造每一个员工都想要归属其中的组织

借用一个仰慕马云的韩国女记者的话来说，马云是她看到过的第一个可以用流利英语演讲、有内容又有幽默感的中国企业家。而她以往采访的中国演讲者，无不是"像从坟墓里爬出来，用死板语调的普通话，看着没有内容的稿子，一句一句念出来"。

这就是领袖的魅力。虽然马云不懂网络技术，但他照样可以用自己的个人魅力打造出属于自己的"十八罗汉"团队，打造出"拿着望远镜也找不到竞争对手"的阿里巴巴。

具有同样领袖魅力的还有史玉柱、牛根生等人。在"巨人"倒塌之后，史玉柱身无分文，还欠债十多个亿，但就是在这样一种状况下，仍有大批的人愿意跟随他，希望能够"东山再起"。而之所以如此，关键就在于这些人相信史玉柱的能力，相信史玉柱仍有带领他们"咸鱼翻身"的能力。这是史玉柱作为"强人"的魅力，而且恰好是这种魅力，使史玉柱能轻松地东山再起。

牛根生从伊利辞职后，同样有大批的人跟随他出来，甚至有一些跟他关系并不是非常熟悉的人也从伊利辞职，只为来投奔他。而当时的牛根生连工作都找不到。如果不是牛根生在伊利的时候就懂得"散财聚人"，懂得经营人心，他怎么可能有如此大的个人魅力，让这么多的人来投奔他！

所以，作为团队的领导人，提升自己的魅力，以身作则、率先垂范，用自己的热情、努力和无畏感染团队成员，引领他们跨过险滩，跃过倦怠，为他们提供源源不断的动力，让整个团队一直保持高昂的激情，也是最重要的领导艺术。

（1）经常向团队传递令人激动的愿景和蓝图

有魅力的领导者会给团队提供一个令人激动的愿景，马云就是这样的典型。这样的传达会有效地激发下属的激情，增强团队的凝聚力，使团队整体的效率大大提升。目标蓝图远不止是一个预测，因为它描绘了整个组

第一章 团队精神：会带团队的领导才是好领导

织或组织单元的发展图景。一名律师事务所主任可能这样传达一幅蓝图："我们的团队将成为整个地区最专业和最出色的团队。"那么一个销售团队的领导可以描绘蓝图："我们要成为今年销售榜上的第一名！"一个设计团队可以把愿景定为"我们要设计出流芳千年的好建筑！"团队的领导要经常性地向大家传达这样的理念和蓝图，把所有的团队成员都吸引到这份蓝图下，并充满激情地为蓝图努力。

(2) 树立威信，激发下属的信任和信心

树立自己的权威对于团队领导来说是必要的。站立时，站得端正挺直，保持良好的姿势，减少烦躁的、恼人的、用脚打拍子的动作，以及没有音调的讲话；快速走路，但不要显得惊惶失措；穿着时尚，但得体大方。直截了当地说出自己的看法和意见，会让你更有力量，更值得信任。如果你想要别人帮助你，不要说："你忙吗？"而是直接地说："你能帮我解决手头的一个问题吗？"

团队成员一致认为，领导者表现出诚实、正直和可信的品质，更能赢得大家的信任。让自己言出必行，言行一致，不仅是团队领导树立威信的方法，也是获得信任的途径。可以通过一种礼貌的、得体的方式让人们了解你所取得的成就，并从中让他们感受到，你有能力带领他们达到既定的目标。可以向团队成员解释和强调你在团队中所扮演的重要角色，并向他们保证，你能胜任这样的角色，你值得信任。有魅力的领导者绝不含蓄，相反，他们很自然地展现自己的荣耀，并让别人意识到他们有多么能干，多么重要。这并非炫耀和自我欣赏，更不是自夸，而是赢得团队信任、激发他们信心的方法。

(3) 以身作则，当好榜样

有句俗语叫作"上梁不正下梁歪"，如果一个团队领导者本身就很懒惰，不思进取，又如何要求员工们天天向上呢？特别是在一些小事上，更需要以身作则，率先垂范，当好榜样，把团队牢牢凝聚在一起。比如准时，拖沓的领导人不可能要求员工具有雷厉风行的工作作风；努力，当

优秀团队建设：创造每一个员工都想要归属其中的组织

队在紧张工作时，你千万不能偷懒；帮助，乐意向员工提供义务的帮助，包括工作方面和生活方面；爱动脑筋，领导人属于"劳心者"，更应该积极思考，并引导员工们集思广益；认真细致，自己是个"马大哈"就不能指望团队成员们做到精确精细；善于决断，该出手时就出手，知道什么时候该做什么决定，一旦作出决定，就毫不含糊；热情，包括对工作的热情和对员工的热情；诚实，不弄虚作假，不两面三刀，实实在在，有一说一；公正、平等地对待每一位团队成员；谦虚礼貌，既体现出对上司、员工的尊重，又能表现出自身的修养和素质；倾听，用认真的态度听取团队成员的意见和建议，本身就是对员工的一种激励，等等。

如果团队领导能够率先示范，能以身作则地努力工作，那么这种热情和精神就会影响其员工，让大家都形成一种积极向上的态度，形成热情的工作氛围。可以说，领导者的示范有着极大的感染力和影响力，是一种无声的命令、最好的示范，对员工的行动是一种极大的激励。

（4）展现积极的情绪和热情

活力和智慧也是魅力的来源之一。一个活力无限和足智多谋的领导会使团队成员对你产生深刻印象，并为之敬服。所以，展现自己的活力和智慧是必要的。面对团队成员时，随时表达你的感情，比如"我很兴奋，因为我们在10月中旬就可以达到年度目标了"。也可以用非言语方式表达你的热情，比如经常微笑，即使你没有处在愉快中。有领导魅力的领导者经常采用丰富多彩的语言来激励周围的人，使他们感到兴奋，干劲十足，斗志昂扬，使他们在工作中充满自豪感。

想要激发下属的活力，可以先从那些充满活力的员工入手，让他们充当整个团队的"气氛小能手"，带动整个团队的气氛。在管理的过程中，领导者要善于观察，哪些员工是充满激情的，哪些员工是积极向上的。凡是这些乐观的员工，他们的工作业绩一定不会差，此时领导者要做的就是多多鼓励他们，不仅是精神奖励，还有物质奖励。当这些员工受到鼓励时，就会争取更好的表现，这样一来，这些积极的员工就能在团队中起到良好的榜样作用，同时，也会潜移默化地影响那些消极的"僵尸员工"，整个团队的气氛也就活跃起来了。

如果遇到问题，聪明、利落地处理，并且不留下任何"尾巴"，你的智慧也一定会让下属叹服不已。

(5) 大胆担责

有领导魅力的领导者通常是冒险主义者，而冒险行为也会增加他们的魅力。最主要的是，冒险带来的一切后果，要勇于承担，而不是遇事怕事推卸责任。即便是下属的责任，也要在必要的时候替下属分担，为下属撑腰壮胆。这不仅体现了一个领导者的品质和领导水平，而且会大大提升自己在下属心中的权威魅力。千万不要随便把下属当"替罪羊"，这样的领导是不可能有追随者的。

一个优秀的领导，必然会带出优秀的团队。一个有魅力的团队领导，有着惊人的"向心力"。把所有的团队成员都紧紧凝聚在自己的周围，并且为他们提供源源不断的向上的动力，团队自然会生气勃发、精神饱满。

5. 团队第一，个人第二

团队第一，个人第二，是团队精神的精髓之一。为了团队的终极目标，舍弃个人的私利，永远把团队利益放在第一位，这是团队每个成员应该具备的基本素质，也是团队精神的最好表现，更是团队领导者要时刻传达给团队成员的最基本的理念之一。当所有的团队成员都不再斤斤计较眼前的个人利益，而把目光放在更长远的团队利益上，他们才算是真正完全融入了这个团队，成为了团队中称职的一员，这个团队也才真正具有了战

优秀团队建设： 创造每一个员工都想要归属其中的组织

无不胜的潜力。

在实际工作中，一些员工对团队协作工作没有热情，只专注于自己的小天地；缺乏主动性，拖拖拉拉；从不把团队目标当回事，认为其他人会努力达成这一目标，自己无须劳力操神。这种做法对团队精神是一种极大的损害，也会给自己的发展造成巨大的阻碍。这也就是为什么在一个团队里，通常业绩差的员工总是为了自己的一丁点儿个人利益抱怨，态度消极和懒散的原因。每一个团队成员都只考虑自己的利益，"各打各的主意，各扒各的堆"，团队的利益从何谈起？久而久之，团队势必会被大家的自私一点点吞噬、一点点毁掉。如果团队都没有了，个人的利益又从何谈起？

所以，坚持团队第一，个人第二，是非常重要而又必要的团队管理的要诀。这就需要领导者要以身作则，带头做甘心奉献的榜样，并以实际行动告诉团队，想从团队获得多少，就要为它付出更多。因为你的一切利益都来源于它，始终把它装在心里，它才会一直关注你。唯有实现团队的价值，个人的价值才会得到实现。

••••••

南方某电器设备厂因原料供应商车间出了事故，使得原料供应推迟了半个月。为了使合同能够如期完成，厂领导决定实行三班制，争取在合同期内完成产品供应。这时有的员工就出来说话了："我身体不好，不能加夜班。""我孩子小，晚上不能没有人照顾。""我不赚这个加班费，也不受这个累。"于是厂里只得实行两班制，取消了夜班计划。最后因时间紧迫电器厂没有按期交货，货主按照合同规定，扣除了一大笔违约金，厂方受到损失，使得奖金福利的额度大大减少，直到此时，这些员工才知道后悔。

••••••

世界上许多知名团队、优秀团队，之所以成功，很重要的一点就是每个员工都有很强的团队意识，把公司、团队利益放在第一位的意识，个人

第一章 团队精神：会带团队的领导才是好领导

利益服从团队利益的意识。可见，团队与个人利益是存在于共同利益的基础上的，只有将团队利益放在高于一切的位置，服从组织做出的正确决策，才能在团队获得进步的同时，得到最大的个人利益。

离开了团体，个人的优势也无从谈起，所以在做任何事时都该从团体的大局出发，凡事有利于团体的事就要主动、认真地去完成，力求做得好一点，快一点。要深刻明白"一荣俱荣，一损共损"的道理。团队业绩是所有团队成员共同贡献的集体成果，也是每个团队成员获得个人利益的前提与保证。所以，首先要保证团队利益，然后才会有个人利益，因为个人利益来源于团队利益。认清这个道理，"团队第一，个人第二"就会成为团队里每一个成员的自觉行为，并自觉地担负起责任，心甘情愿为此而奉献。

提到迈克尔·乔丹，几乎没有人不知道他曾是 NBA 最伟大的球员。而迈克尔·乔丹之所以伟大，不仅仅因为他有全面的技术，能够在球场上掌控全局，更重要的是，在比赛中他始终把球队的胜利放在首位。当大部分球员在球场上显示自己的威风，吸引观众的目光时，乔丹却能放下自我，甘当配角，拦住对方球员，帮队友传球助攻，让自己的球队得分。他这种"成就大我，牺牲小我"的精神，深深地感动了队友，大家都以他为榜样，不计个人，只为球队，并因此使球队取得了一次又一次的胜利。

假如我们换个思路，如果乔丹只顾着自己出风头，不把球队的荣誉放在眼里，那么，公牛队还能取得一次又一次的成功吗？乔丹还能成为风靡全球的篮球巨星吗？团队第一，个人第二，表面上好像是自己吃了亏，但是从更深层次上来说，甘愿当绿叶的人才是真正的赢家。因为，由于他的顾全大局，让整个团队获得了更大的成功，而团队的成功，就是团队中每个成员的成功。

025

优秀团队建设：创造每一个员工都想要归属其中的组织

不管是普通员工还是团队领导者，没有他人的帮助，是绝对不可能独立获得成功的。更重要的是，如果你置团队利益于不顾，不想当配角，当你需要帮助时，同事也会如此"回报"你，你还怎么会有担当主角的机会呢？所以，为了团队的整体利益，为了工作的完美完成，我们应当有甘当"绿叶"的精神。俗话说："红花还得绿叶配。"一朵美丽的红花，如果没有绿叶的陪衬，岂不是美得太单调？在团队中也一样，大家只有完美地互相配合，工作才能做得出彩。

说到这儿，你明白什么是团队第一，个人第二了吗？就是要顾全大局，从团队出发。那么，如何才能做到团队第一，个人第二呢？

(1) 团队的利益永远是最重要的

当个人利益和团队利益出现矛盾时，作为领导者，万万不能为了一己私利就把团队的利益抛在脑后。或许，个人利益暂时被保护了，但是，就个人职业生涯的长远发展来说，是非常愚蠢的。

首先，为了一点小小的利益就不顾全大局，无疑是目光短浅的表现，领导者这样做可谓是捡了芝麻，丢了西瓜。其次，当团队的利益受到损害，领导者可以全身而退吗？显然不能。更重要的是，领导者这样的做法，既陷自己于不义的境地，又对自己的前途十分不利。

(2) 顾全大局，就是一切从全局整体利益出发

纵观当今企业，所有的企业都希望员工能将团队的利益放在第一位，希望他们在做事的时候能够时刻铭记团队第一，个人第二。因此，那些凡事都能从团队的利益出发的人，才是公司和老板最需要的人。

正如"没有国，哪有家"一样，没有公司的发展，哪来个人的发展？团队利益与个人利益的关系是非常密切的，在根本利益上也是一致的，但在个人利益与团队利益发生冲突时，顾全大局的领导者懂得以团队利益为重，把团队利益放在第一位，以牺牲自己的小利益来保全团队的大利益。

做一名优秀的领导者，就要培养自己的全局意识。一个领导者只有把自己的事业和团队的前途融合在一起的时候才最有影响力，一个懂得团队

第一，个人第二的领导也必定是一个胸怀大志、聪明绝顶的人。因为他知道只有团队的利益得到了维护，个人的利益才有保障。

6. 危机来袭，共担风雨

共进共退、风雨共担、利益共享，也是团队精神的重要内容。团队精神是一种信念、一种价值观和行为准则，它体现着团队的凝聚力和向心力，是团队的魅力、核心竞争力、归属力所在。同时团队精神也是员工主体地位的一种整体体现，是团队员工对内部人际关系的态度。要培养员工的团队精神，必须努力培养员工的主人翁精神，让每一个团队成员都自动自发地把自己当成团队的主人，与团队共进共退，风雨共担。特别是在团队遭遇危机或面临危险之时，更需要大家齐心协力，共渡难关。

说到这种精神，动物界的蚂蚁无疑是我们最好的老师。蚂蚁是公认的最具有团队精神的动物，它们也是最重视团队利益、把群体的利益放在第一位，哪怕牺牲自己的生命也在所不惜的物种。

有一个英国科学家做过一个试验，他把一根点燃的蜡烛放进一个蚁巢。刚开始，巢中的蚂蚁惊恐万状，但是约20秒钟后，就有许多蚂蚁迎难而上，纷纷向火冲去，并喷射出蚁酸。可一只蚂蚁喷射的蚁酸量毕竟有限。因此，一些"勇士"葬身火海。但他们前仆后继，不到一分钟，就将火扑灭。

在野火烧起的时候，为了逃生，众多蚂蚁迅速聚拢，抱成一团，然后像滚雪球一样飞速滚动，逃离火海。那噼里啪啦的烧焦

优秀团队建设：创造每一个员工都想要归属其中的组织

声，就是最外层的蚂蚁用自己的躯体开拓求生之路时的呐喊，是奋不顾身、无怨无悔的呐喊。

在洪水暴虐的时候，蚂蚁们同样会抱成蚁团，在洪水中翻滚。最外层的蚂蚁有很多会被波浪打入水中，但只要蚁球能上岸，或能碰到一个大的漂流物，蚂蚁们就得救了。最外层的蚂蚁牺牲自己就是为了整个蚁群的生存。

要是火烧来、水冲来时每一只蚂蚁都只顾自己，四散奔逃，估计会有几只活下去，但是整个蚁群就完全毁了。正因为有了这些甘心牺牲自己的勇士，蚁群才能保证在任何危险降临的时候都存活下去！这就是齐心协力、共渡危机的真正意义。

但在实际工作中，却往往是利益共享容易，风雨共担很难。许多团队在发展得很好时大家能够齐心协力、共同努力、达成目标。但一旦遭遇危机，因此的凝聚力、向心力和归属力都会瞬间崩塌，团队成员根本无心共渡危机。这其实是团队最大的悲哀。

周启文在上海一家有名的广告公司工作。他刚进入公司时，公司运转正常，工作起来也得心应手。后来，公司承担了一个大项目的策划——在城市的各个公共汽车站做广告。全体员工对此惊喜万分，都全身心地投入到工作中，因为这将给公司带来巨大的经济利益和发展前景。

总裁召集全体员工开会时说："公司承担的这个项目很大，光准备工作就要耗资几百万元，公司资金比较紧张。所以，这几个月工资就等到项目做成后一起发放，请你们谅解一下公司。工资早晚都是你们的，只要我们把项目搞好，大家一起来共享利润。"当时全体员工都对总裁的话表示赞同。

可是，半年以后却风云突变。等到全套审批手续办下来的时候，由于估计不足，公司因资金缺乏，业务完全陷入停顿状态，别说给员工发工资，就连日常的周转费用也只能向银行求助。

就在这个困难时期，周启文说出了心里的想法：全体员工集资。总裁笑笑，无奈地拍拍他的肩膀："能集多少钱？公司不是几十万元就能脱离困境的，集资几十万元只是杯水车薪，连一个缺口都堵不住。"

总裁召集全体员工陈述公司的现状时，人心一下子就散了，纷纷要求离职，没有拿到工资的员工把总裁办公室围得里三层外三层。总裁只好把所有的钱全部提出来，支付了员工的工资。大家拿到钱后纷纷离开，很快只有周启文和另外几个人了。总裁有些奇怪地问："你们怎么还没走？是工资还没有领到吗？"周启文说："我们想继续留下来，撑到公司转好的那一天。"总裁感动地握住了他们的手说："谢谢你们，但我准备把这个项目转手了，资金确实周转不过来了。"

令人想不到的是，在签订转让合同的时候，接手项目的公司总裁提了一个条件：要求周启文他们五个人到新公司工作，因为他听说了周启文他们五个人的事情后，觉得这五个人是极为难得的能与公司风雨同舟、患难与共的人。这样的人，正是企业最需要的人！

一个一听到企业陷入危机就脚底抹油的人，是不可能有大的成就的。一个能时刻与企业共患难的人才能获得更多。假如你与企业同生死、共命运，企业一定会对你有所回报。有些人，当团队遇到一点困难，想的不是如何出一份力帮团队渡过危机，而是费尽心思为自己找退路。这样的人，也许能够找到一份新的工作，但永远都没办法获得实质性的发展，因为几乎所有的企业真正需要的都是那些能与企业同生死、共患难的人。

优秀团队建设：创造每一个员工都想要归属其中的组织

有一家公司平时运转很正常，但是某天，老板接到银行的电话，有一笔贷款条件没有通过审核，因此不能正常放贷。这家公司马上陷入了财务危机，如果48小时内不解决资金链的问题，很有可能要宣告破产。于是，老板召集管理层召开紧急会议。

但是，会议刚刚开始没多久，这家公司的几位主管级人物就提交了自己的辞职申请，其他几位管理人员也有要离开的意思。管理层人员的这一举动让普通员工方寸大乱。

就在这时，人事主管站起来，很坚定地说："我们的公司还没有破产，我们的公司一直以来运转得都很好，现在只是资金链出现了点小问题而已，哪有公司的发展是一帆风顺的呢？这并不代表我们已经结束了。"

说完这番话，他马上走到大厅，稳定军心，然后给客户打电话说明情况，帮公司募集资金。最后通过大家的齐心协力，企业渡过了这一难关。

实际上，企业的命运和自己的命运是息息相关的。有一个非常好的比喻，说企业与员工，就是船和船员的关系。企业是船，员工都是船员。加盟了一家公司，就成为这条船上的一名船员。这条船是满载而归还是触礁搁浅，取决于船上所有的船员是否齐心协力、同舟共济。一个企业的发展需要全体员工的共同努力，就像一艘船要破浪前进，需要全体船员各司其职，共同配合，才能顺利抵达目的地一样。船员是船的一部分，员工也是企业的一部分，船要航行安全，靠的是全体的船员，而企业的兴亡也与每一位员工的努力息息相关。所以，上了企业这条船，就必须和企业命运与共，生死相依，必须和老板同舟共济，分担喜悦，也分担风雨，把自己当成企业的主人，具有主人翁的意识。

但是，有相当一部分人觉得自己就是个打工仔，企业未来发展的好不

第一章 团队精神：会带团队的领导才是好领导

好，跟我有什么关系呢？假如企业某天"大厦崩塌"，大不了换个公司就好了。有这种想法的人其实很可悲，因为他们没有意识到自己和企业之间的关系是密不可分的，他们不知道，表面上自己是在给老板打工，实际上，对自己也是很有利的。因为企业与员工事实上结成了利益上的共同体。只有企业获利，员工才会最终获利；也只有员工获利，企业才可能实现可持续发展。努力为企业创造效益，是员工和企业的双赢。所谓"大河有水小河满""锅里有了碗里才会有"，就是这个道理。

优秀的团队领导一定不会忽视成员的这些小心事，会用最恰当的方法，引导他们树立"主人翁"意识，就像英特尔公司前总裁安迪·葛洛夫所做过的那样：告诉员工"不管到哪里工作，都不应该只把自己当成员工——应该把公司看作自己开的一样。要有一个企业属于自己的心态，要把公司当作自己开的，以老板的心态对待公司，多奉献自己的力量，多分担风雨，这样，你才能真正和企业融为一体，在企业的成功里收获自己的成功。如果不能与企业风雨与共，怎么可能守得到成功的彩虹呢？

这一点，我们从史玉柱的用人态度上可以看得更明确。

史玉柱在关键岗位上用的都是跟他打拼过来，经历过生死的人。在他看来，和他一起经历过危机的员工就像是地底长出的树根。他感激困难时期几年没拿工资的陈国与费拥军。巨人集团时期，他也曾为强化内部管理，空降了一位高管，结果出了乱子。经历了二次艰难创业，那些内部人，史玉柱最看重的还是德，他自信5年时间能看出一个人的德性。当然也包括已经熟悉多年的人。征途的一名副董事长，是史玉柱18年前赊账买电脑的那家小公司当时的副总经理。四个火枪手中的刘伟与程晨两位女性位居高位，在史玉柱看来，"女性从忠心角度来说可能会好点"。当年身为文秘的刘伟如今达到了副总裁级别。

优秀团队建设：创造每一个员工都想要归属其中的组织

不过，真正要使团队的每一个人都有风雨共担的自觉，仅仅心理攻关和危机过后的感恩回报是不够的。要使团队在危机中依然能牢守目标，抱成一团，还需要领导者在危机之时展现出领导者应有的应对。

（1）不到最后关头，不要实施"裁员"或"减薪"计划

员工和企业是非常现实的雇佣双方的关系，一点点变化都会影响双方的关系，打破现有的平衡，导致团队管理的失败。假如真的迫于无奈需要裁员或者削减薪水，领导者也要做好善后和解释工作，让员工们明白，企业不是无缘无故这样做的。

（2）塑造企业文化，把员工的心凝聚到一起

企业建立良好企业文化，才能在危机来临时带领员工冷静地处理突发事件，才能迅速地让企业在经历风雨后，原地满血复活，恢复以前的战斗力。可以说，良好的团队文化是拯救企业的一剂灵丹妙药。

（3）当危机来临时，内部不能乱，首先就要稳定军心

攘外必先安内，先稳定内部环境是处理企业危机最关键的一环。并且，当企业面临危机，如何应对大众、经销商、媒体等各方面的压力，也需要一群信得过的内部员工来落实。假如连企业内部都没有信心，又如何应对外部的血雨腥风。

（4）在企业风平浪静之时，应该让员工树立危机意识

在平时的员工培训里，领导者要时刻给员工传达，企业目前处于一个竞争力非常大的市场里，每个员工都要随时警惕市场的变化。这样，当危机来临时，员工们不仅可以做出合理的预判，做好准备，还能齐心协力助企业走出难关。

锦上添花固然好，可是，雪中送炭的情谊更让人铭记于心。当企业遇到危机，你不离不弃地陪伴企业一起渡过，无疑是雪中送炭。一个团队是否有归属感，不是看它在顶峰时有多少人仰望，而是看它在低谷时，还有多少人追随。

第二章

伯乐相马：先把团队组织好，再把团队管理好

著名企业家尤金·克里夫说过："经营企业即经营人，人才的选择与使用乃是企业的生存之本。"因此，人才的任用对一个团队来说尤为重要，领导者不仅要学会如何选人识人，还要学会从合适的渠道找合适的人。组织好团队后，一定要让每个成员发挥所长，做最好的自己。用对的人，做对的事，才能促进团队的和谐发展。

优秀团队建设：创造每一个员工都想要归属其中的组织

1. 从合适的渠道，找需要的人

相信"输赢成败争由定，兴衰荣辱总在人"的道理各位领导者都懂，人才只有在合适的地方才能最大程度地发挥它的光和热。因此，一个领导想要带好团队，必须以人为本，从招聘人才开始。一个团队在招聘人才时一定要慎之又慎，因为，团队招什么人直接影响团队未来的发展。

人才招聘的渠道有很多，总的来说大致可以分为两大类：内部渠道和外部渠道。其中每一个招聘渠道又可以分为很多个具体的招聘途径。接下来，就从这两条渠道出发，为大家阐述一下一个团队该如何找到自己需要的人。

（1）内部招聘渠道

我们先从索尼的案例入手，加以仔细分析。

有一天午餐时，索尼董事长盛田昭夫按照惯例走进职工餐厅与职工一起就餐、聊天。他多年来一直保持着这个习惯，以培养员工的合作意识并保持与他们的良好关系。

这天，盛田昭夫忽然发现一位年轻职工郁郁寡欢，闷头吃饭，谁也不理。于是，盛田昭夫主动坐在这名员工对面，与他交流。几杯酒下肚之后，这个员工终于开口了："我毕业于东京大学，我原来的工作待遇很不错。我十分崇拜索尼公司。之前，我认为我进入索尼，是最正确的选择。但是，现在才发现，我不是在为索尼工作，而是在为领导工作。坦率地说，我觉得我的科长很无

第二章 伯乐相马：先把团队组织好，再把团队管理好

能，更可悲的是，我所有的行动与建议都得科长批准。我自己的一些小发明与改进，科长不仅不支持，不理解，还挖苦我没有自知之明，野心太大。我十分泄气，心灰意冷。这还是我崇拜的索尼吗？我居然放弃了原来那份优厚的工作来到这种地方！"

这番话令盛田昭夫十分震惊，他想，类似的问题在公司内部恐怕依然存在。管理者应该关心他们的苦恼，了解他们的处境，不能阻碍他们的上进之路，于是他产生了改革人事管理制度的想法。

之后，索尼公司开始每周出版一次内部小报，刊登公司各部门的"求贤广告"，员工可以自由而秘密地前去应聘，他们的上司无权阻止。另外，索尼原则上每隔两年就让员工调换一次工作，特别是对于那些精力旺盛，干劲十足的人才，不是让他们被动地等待工作，而是主动地给他们展示自己的舞台。在索尼公司实行内部招聘制度以后，有能力的人才大多能找到自己较中意的岗位，而且人力资源部门可以发现那些"流出"人才的上司所存在的问题。

盛田昭夫的这种做法很值得我们借鉴，他的做法不仅有效改变了企业领导者在其位部不谋其政的现象，还避免了员工"英雄无用武之地"的尴尬局面。这种做法不仅让员工"活"起来，提升了工作积极性，还为企业选拔了不少可用之才。

通常在一家企业里，出现临时岗位空缺、人事调动是很平常的一件事，一般情况下，企业常常会考虑从内部人才中选拔一个适合该岗位的员工来填补这一空缺，或者找一位更适合这个职位的人来替代原来的职员，这就是我们通常说的内部提拔。实际上，公司内部就是一个巨大的"内部人才市场"，大多数工作岗位都是通过内部渠道来找适合的人才的。这种方式既可以调动员工的积极性，又能创造良好的工作氛围。

优秀团队建设：创造每一个员工都想要归属其中的组织

通常来说，企业内部招聘主要有三种模式。

首先是发布通告。发布通告是公司内部招聘人员时最常采用的一种办法。公司可以利用自己的内部宣传通道，如广播台、微信公众号、宣传栏、邮件等，把目前空缺职位的数量、职位介绍和任职要求等通知给大家。这样的方法既突出了企业的公平竞争原则，又能为那些怀才不遇的员工提供一个展示的平台。

其次是利用档案记录的信息。员工档案详细地记录了每位员工的教育、经历、技能、培训、绩效等有关情况，通过对员工档案的分析，可以初步决定要哪些员工来填补职位的空缺。充分利用员工档案的优势在于，可以以最快的速度发现那些最适合这个岗位的人才，这一点对内部人员晋升非常重要。

然而，这种方式对档案的质量要求比较高，档案信息必须完整、真实、全面。由于档案记录这一渠道对员工缺乏透明度，没有影响力，且员工无法直接参与内聘，因此，这一方法常常与其他方法结合在一起使用。

再次是企业员工的推荐。企业的员工推荐他们的朋友、师长，或者上级推荐下属。由于推荐人对企业内部的情况比较熟悉，对于空缺岗位的要求比较有认识，因此由他们推荐的人员能够快速地了解岗位职责，熟悉公司环境。这种方法具有非常广泛的适用性。但是任何事情都是双刃剑，在用这种方法招聘人才时，一定要避免裙带关系，不要任人唯亲。

> 有一家企业为了找到自己需要的人才，在公司内部建立了一个人才库。这家企业提倡核心管理人员都从企业内部提拔。陈燕大学毕业就来到这家公司任职，由于她工作认真负责，又具有上进心，很快就被企业提拔为中层管理人员。

内部招聘是大企业常用的人才筛选方法，因为小公司或新型公司常常没有这样的人才资源和规模。通常来说，从内部晋升的员工比例只有通过外部招聘的人数的百分之二，数目非常少，但是，这些人对企业的影响却不小，因为他们大多都任职于十分重要的岗位。当然，如果正式进入企业工作后，就是"内部员工"了，2年工龄与20年工龄在这方面没有太大的区别。

（2）外部招聘渠道

所谓外部招聘渠道，主要是指企业从外部招聘人才。这种方法通常在内部员工不能满足企业需求的时候会用到，特别是那些创业初期以及处于快速上升期的企业。或者因为企业产业结构调整，需要大批人才的企业。这时，企业就会把眼光转向公司外部广阔的人才空间，通过公开招聘的方式吸纳人才。我们可以来看看中兴公司的招聘案例。

高速发展的公司面临的首要问题就是人力资源的扩张。人力资源短缺往往是限制业务拓展的主要障碍之一。比如市场份额更多更大时，由于人手问题而无暇顾及一些客户就可能造成客户的流失。因此，中兴通讯一直非常重视招聘，并提出了"以一流的标准选聘和培训员工"的理念。

在招聘中，中兴通讯都会重点考虑人才的背景，对其所受教育的要求一般锁定在重点本科院校。对此，陈健洲解释说："我们不否定非重点高校的学生不行，但是我们认为在重点高校的范围内，优秀的学生比率要更高，更有利于中兴通讯选聘到一流的人才。中兴通讯的大部分岗位都要求员工有好的技术背景，因此对高校和专业都有一个较为明确的要求。此外，对工作经验及一个健康的体魄也要求较高。"

中兴通讯的面试非常严格，分为技术能力和素质考核两个方面进行考察，被面试者须通过6～7关，把关极其严格，实行一票否决制，而且中兴通讯的面试官都是通过专业培训的。中兴通讯的要求很简单：招聘到的人才既是优秀的人才，也是符合公司文化原则的人才。

2. 火眼金睛：用人必须先识人

作为团队的领导者，在带团队的过程中不懂得识人，造成人才的埋没和流失，那么今后团队的发展一定会受到阻碍。当今社会，缺少的不是人才，而是发现人才的眼睛，韩愈曰："千里马常有，而伯乐不常有。"那么，领导者要如何识别真正的人才呢？

识人的方法有很多，简而言之，可以从以下两点出发——德重于人和察言观色。

(1) 甄选人才时，品德要重于能力

从古至今，看人用人，都以"德"字当头，在"德"与"才"之间，领导者更看重德。

格力在选拔人才时，品德被放在了第一位，然后才是敬业与能力。品德与能力，是企业选人用人必须考虑的两个因素。但企业不同，对它们的侧重点也不一样。每个企业都有自己的特点和文化，而且内外环境也是截然不同地，因此不能绝对地说谁对谁错。

有的企业非常重视人才的能力，认为能力比品德更重要；有的企业则更重视品德，认为品德的重要性要高于能力。为什么会出现这种分歧？难道企业就找不到既有能力又有高尚品德的人吗？对于很多管理者而言，他们最头疼的就是找不到既忠诚于企业，又特别有能力的员工。有两种情况比较多见。

一是有能力的人总是不甘心屈服于别人之下，只要一有机会，他们就想办法自立山头，自创门派。这种人一旦工作起来，非常有魄力，也非常出成绩，但他们对企业的忠诚度不高。

二是没有能力或者没有进取心的人，他们只要找到好的东家，就希望一辈子干下去。对他们而言，人生别无所求，只要能每月按时拿到工资就很满足。这种人通常情况下对企业比较忠诚，但由于他们能力有限或者没有进取心，所以难以独当一面，担当重任。

假如好的品德与能力总是难以在同一个人身上出现，企业该如何选择？比较保守，但也比较有效的方式就是选择有较好品德的人，像格力那样，把品德放到选拔人才的第一位。

(2) 领导者要学会察言观色

那些职业政客素来喜欢和别人交谈。对于第一次见面的人，他们会通过以往的社交经验，对对方进行察言观色，然后对此人形成一个初步的认识。而这个"认识"，往往在以后的交往过程中被证明是十分精准的。

晚清中兴四大名臣中的曾国藩善于识人用人，下面的事例是来自于他的一次"面试"选人的故事。

有一次，李鸿章带着三个人去见曾国藩，碰巧曾国藩出去散步，李鸿章便让此三人在门口等候。

当曾国藩回来的时候，看到门口有三个人，他左边看一眼，右边看一眼，中间看一眼，什么话也没说就走了进去。李鸿章问老师对此三人的评价，曾国藩回答道："左侧之人可用，但只可小用；右侧之人万万不可用；中间之人可用，且可大用。"李鸿章对老师"一眼识英雄"非常敬佩，问其原因，曾国藩说："左侧这个人，我看他一眼，他也看我一眼，我再看他一眼，他就把眼皮顺了下来，不敢再与我对眼神了。这说明他心地比较善良，但是气魄不够展开，所以可用，但只可小用，授予营务处副处长

优秀团队建设： 创造每一个员工都想要归属其中的组织

足矣。右侧这个人，在我看他的时候，他不敢看我，当我不看他的时候，他又偷偷地看我，很明显这个人心术不正，所以万万不可用。然而，中间这个人，我看他一眼，他也看我一眼，我上上下下扫他一眼，他又堂堂正正地打量了我一番。说明此人心胸坦荡，气魄宽广，可用，而且可以大用。"此时，李鸿章恍然大悟，并遵照老师的指点，为这三个人安排了职务。

在这三个人中，左右两人已经无从考究，但是，中间这个人就是被李鸿章重用并成为晚清淮军著名将领、台湾第一巡抚的刘铭传。

慧眼识英雄，这句话说的就是曾国藩，他没有通过应聘者的衣着、学识来鉴别应聘者是否是人才，而是通过应聘者面对突发状况的反应，就一眼看穿了应聘者的内在素质。曾国藩的这种独特的出其不意的面试方式，是值得我们现在企业借鉴的。

曾国藩有这样一句识人箴言："邪正看眼鼻，真假看嘴唇，功名看气概，富贵看精神，主意看指爪，风波看脚筋，若要看条理，全在语言中。"

交谈时，他能从对方的言谈中捕捉到对方的思路，获得多种知识。因此，后来他驾驭诸将的才能，大多来自于与人交往时的积累和观察所得。

千里马常有，而伯乐不常有，现在人才流失率之所以这么高，很大一部分原因是由于领导者"识人不明"，所以对于一个领导者来说，要用人，先识人。

3. 让每个员工做最好的自己

一个合格的领导者，要根据下属的实际工作能力，大胆地任命下属去完成工作，给员工展示的机会，让员工做最好的自己。员工在完成工作的过程中，也要决定自己要达到什么样的效果。作为领导者，还是不要过多地干涉员工的工作，放手让他们发挥自己的才干可能有更大的收获。

宁波有一家公司，实行了一种独特的管理制度，就是让所有的员工轮流当主管，管理部门事务。一日主管和真正的主管一样，拥有处理本部门事务的权力。当一日主管对公司有任何意见时，要仔细记录在工作日志上，并让各部门的员工传阅。各部门的主管，得依据日志上的意见随时改进自己的工作。

公司实施"一日主管制"后，大部分干过"主管"的员工，对公司的向心力都大为增强，公司的管理收到了显著的成效，节省了50万元的经营成本。公司把其中一部分作为奖金发给了全公司的员工。全体员工皆大欢喜。

放手让员工大胆做事，对下属来说，又何尝不是一种挑战呢？但是，"提建议"和"做决定"两者是有本质的区别的。有时候，你也许只需向员工提供一些必要的资料和信息，然后由他们自己做决定。你应该把这种行为当作是自己对下属提供的帮助。

当员工在完成任务的过程中遇到困难时，为他提供解决办法是可以

优秀团队建设：创造每一个员工都想要归属其中的组织

的，但是员工们是否采纳是他们自己的事情。假如你的建议带有命令的色彩，那这项任务就变成你完成的了，因此，不要让你的员工有问题就来找你，不然，你的工作将变成每天都在解决问题。作为领导者，要培养员工独当一面的能力，鼓励他们在工作中把最好的一面展示出来。

现代企业管理中我们不得不面临一个现实："80后""90后"已成为人力资源的主力军，与上一代相比，他们个性张扬，思想独立，让企业常常感到思不同行，能不配位，对企业的文化认同感差。特别是一些并不能提供较高薪酬和发展机会的中小企业，对新生代的管理更是无从入手。我们都希望企业的每一个员工都是最好的，但理想和现实往往有较大的差别。

美国管理学家彼得提出的"木桶理论"告诉我们，一个木桶的容水量，不取决于桶壁上那块最长的木板，而取决于最短的那块木板。要使木桶能装更多的水，就要设法改变这块木板的现状。我们会经常使用"木桶理论"来对一个人或一个团队进行管理，即不断提高员工的短板来使其能力和综合素质不断得到提高，从而提高整个团队的管理水平。

· · · · ·

1981年4月，杰克·韦尔奇担任美国通用电气公司董事长和首席执行官。通用电气公司的业务涉及多个领域。

韦尔奇明白，管理这样一家规模庞大，产品分散的公司，必须使用一些全新的管理理念，才能保证企业稳步发展。他觉得公司管的太多，领导的太少，实际上，员工们对自己要做什么事情了如指掌，领导者们最好不要横加干涉。

因此，他决定推出"全员参与"制度，让那些平时性格内向、缺乏沟通、按钟点上班的工人、中层管理人员以及工会领袖等，都能被邀请出席决策讨论会，与领导者们彼此平等，可以各抒己见。

随着"全员参与"制度的深入开展，打击了企业内部"官僚

第二章 伯乐相马：先把团队组织好，再把团队管理好

主义"的不正之风。以前，就连更换办公室窗帘都要盖上十个公章，如今，公司鼓励全员参与管理，不用什么事都层层上报给董事会，增强了全部员工的参与意识，提高了全体员工的积极性，激发了员工的潜能。

尺有所短，寸有所长，在带队伍的过程中，领导者也不能只带着责备的眼光看待下属。作为一个善于用人的领导者，你需要看到员工的闪光点。刘邦出身低微，却能君临天下，成一方霸业，只因其知人善用；马云高考三年，第一次数学只得1分，却成为互联网时代领袖，只因其把握时代的机会。其实人的长处决定了他的水平。领导者不用过分盯着员工的短板，而是要找到和发挥其长处。能将员工擅长的一方面充分发挥出来，这就是管理的艺术。

对于企业员工来说，如何能够找到自己的位置和发挥自己的机会，非常重要。马云曾说："今天你最好，未必明天最好，今天你最差，社会给了你很多的机会，只要你把握，只要努力总会有机会。"其实人人都有获取被认可和成功的愿望，新生代员工更是如此，不是不愿，只是没有找到合适的平台和机会。

在个性张扬的时代，在创新变革的时代，新生代员工带给我们的不应只是管理上的压力，更应是企业发展的动力和活力。人人皆可成佛，正如唐僧带领三个徒弟，虽各有长短，只因齐心合力，就可取到真经。

那么，领导者要做哪些改变，帮助员工做最好的自己呢？

(1) 为员工创造良好的工作环境

作为一个团队的领导者，为员工创造良好的工作环境，有助于员工们实现领导者提出的目标。如果团队制定的目标和企业环境大相径庭，就算员工们再卖力，也是无法完成的。员工能够完成企业的目标，和企业的奖励机制分不开，更离不开企业良好的管理结构和工作流程。

(2) 领导者要多与员工沟通,增强员工的期望值

在和每一个员工交谈时,领导者都要用最简单直白的话语。用精练的语言阐述团队的发展动向和对该员工的工作期望。什么是有效的沟通?就是让对方接收到关键的信息。仅仅一次沟通是不会有什么效果的,领导者要多对员工进行有效、简洁的沟通,以达到巩固的效果。

(3) 领导者要给予员工明确目标

如今,企业的生存环境变化越来越快,领导者给员工设定的目标越明确,员工的干劲就越大,在领导人的监督下,要实现什么目标,如何实现这个目标,一切就变得明白多了。

"让每一个员工做最好的自己"绝不是一个理想,而是一种管理的思维和文化。重新认识"木桶理论",不是颠覆而是丰满其价值,这既有助于用人者知人善任,用其所长,使其人尽其才,才尽其能,也有助于被用者扬其所长,其才得用,各得其所。

4. 领导者需要识别的三种人才

在一个团队中,大概有三种人才——专业人才、管理人才、领导人才。这三种人才不可或缺,领导者要学习如何识别这三种人才。

首先,我们来看看每一种人才必须具备的特质。

领导人才:发现员工的共同点,描绘一个美好蓝图;

管理人才:看到每个员工的闪光点,并加以利用;

专业人才:找到自己喜欢的领域,并专注于此。

"专业人才"的工作动力来自于自己的喜好,而"管理人才"的工作动力主要来源于责任心。

就从说话的角度来说，有些人口无遮拦，想到什么说什么，在他的潜意识里："我爽了就好了，我才不管你是怎么想的。"这就是"专业人才"的特点。而有管理意识的人，一定明白在什么场合说什么样的话，该说的就说，不该说的不说，因为"管理人才"考虑的出发点是"应不应该"。

因此，"专业人才"和"管理人才"的思考方式有很多不一样的地方，理解了这个区别，再看看自己的员工，大概就知道要怎么去挑选人才了。有些人虽然工作能力很强，但做事完全根据自己的喜好来，你就知道这样的人没办法承担着管理者的责任，也就不能提拔他到管理层。

所以，管理的本质就是充分发挥员工的能力，达成集体的目标。

一个员工是适合做管理，还是适合当"专业人才"，从很多方面都能展现出来。如果领导者学会用不同的观察角度看人，以后识别员工就会很准了。

管理的天赋还能用一个词来描述，那就是"教练的本能"。优秀的管理者有一个普遍的特点，他在意的事情不是团队业绩提高快，而是员工飞速的成长。如果他发现一个员工的很多长处都无法施展，他就会感到非常难过；有人才无法利用，他也会感到很遗憾。这就是管理者的特点。

所以，"教练的本能"告诉我们，企业内部的培训，即是一个选拔干部的过程。因为，通过这样的培训，领导者可以迅速了解每个人的特点，他们是否具有管理天赋。每个人在培训中的表现，其实就直接反映了他是否具有管理特质。看看他会不会传授他人技巧，如果他教不了别人，就成不了一个合格的管理者。

当领导需要什么天赋呢？

领导者代表着企业未来的方向，而这个方向是能引起大家共鸣的。因此，领导者需要不断给大家创造美好的愿景，并且带领大家共同奋斗，去实现这个愿景。这个愿景不是一个人的理想，而是大家共同的愿望，如果这个愿望不能引起大家的共鸣，就没有号召力，这个人也就成不了领导。

优秀团队建设：创造每一个员工都想要归属其中的组织

这种善于发现和感受员工共同情感的能力，也是一种天赋，杰出的领导者就具备这种天赋。

一名杰出的领导者，不仅具备引起大家共鸣的能力，还有一个喜爱竞争的心。但是喜好竞争，并不能让他成为一名领导者，唯有一种能力能使他成为领导者，那就是团结群众为他所预见的美好未来而奋斗。

领导者，除了要充满鼓舞人心的力量，还需要乐观与自信。

在危急关头，身为领导者，你必须深信危机一定会过去，你要给员工描绘一个未来。这并不是因为你想"打肿脸充胖子"，也不是因为你要鼓舞大家。你之所以这样做，是因为你情不自禁，当你想起未来蓝图的美好，不管现实多艰险，你都能乐观度过。

2006年，美国波音公司的首席执行官艾伦·穆拉利跳槽到福特汽车公司，这件事情在波音公司上下引起了不小的波动。因为穆拉利的这一举动非常突然，让波音公司没有一点点防备，使庞大的波音公司没有了龙头，一下子乱了方寸。公司副总裁斯科特·卡森临危受命，成为新一任首席执行官。卡森匆忙上任，心中难免紧张，但木已成舟，就得为公司付出所有努力。

卡森走马上任的第二天，就召集公司中高层管理人员开会，他的开场白是："我现在正在思考一个问题。"

一句话让大家屏息凝神地认真倾听，卡森接着说："我觉得，这就是我们腾飞的好机会！"

设计部首席执行官大卫·波德尔问道："您为什么这么说呢？这是一个什么样的机会？"

卡森微笑着说："是可以让我们压倒空客的绝佳机会。"

"是吗？"波德尔继续问，"能和我们具体讲讲吗？"

卡森爽朗大笑，高声说："现在各部门做好本职工作，严把质量关，随时等待公司'进攻'空客的命令。"

第二章 伯乐相马：先把团队组织好，再把团队管理好

大家听完也都笑了，虽然卡森没有具体说，但看他的状态，显然已经胸有成竹了。各位高管心里都非常高兴，失去龙头的不安感也烟消云散了。基层员工也很快感受到了卡森的正能量，大家全部严阵以待，工作热情更高了！

其实，只有卡森自己知道，他并没有发现任何能打压空客的机会，他也没有任何策略，但他必须表现出胸有成竹的样子。因为公司前任首席执行官刚刚跳槽，现在处于不稳定时期，从基层到高层对他这位新任首席执行官都缺乏信任，大家都在观望，况且外部还有强大的空客公司对自己产生巨大的威胁，时刻想要搞垮波音，如果这时卡森表现出的是坐立难安、十分紧张，员工们也会跟着心慌，他们会担心公司业绩的下滑会不会波及自己。当公司处于紧张的气氛中时，一切的管理都将成为空谈。

卡森在笑谈中化解了波音的危机，而且真的迎来了黄金反击时机。

为什么领导者要乐观？因为，不管发生什么事情，领导者的心情都不能受到影响，眼前的困境是暂时，要把眼光放长远。

领导者和管理者之间还是有很大的区别的。虽然他们都是在管理团队，但是他们的出发点是截然不同的。领导者要找相同点，提炼团队愿景，构筑美好未来；而管理者要发现员工的不同点，加以发挥，达成目标。领导者对未来是十分清晰的，不管他做什么，他的焦点始终聚集在未来。

优秀的员工未必能成为一名优秀的管理者。管理者是需要一定的特质的，有一些企业的晋升标准直接以业绩论英雄，结果反而把团队搞得一塌糊涂。识人用人是领导者必须具备的能力，而识别管理人才，更是领导者必备的核心能力之一。

5. 只有找对人，才能做对事

许多领导者都把企业发展缓慢的原因归结为员工没有上进心，或者员工缺乏责任心，假如领导者没有给员工提供一个合适的发展平台，英雄何来用武之地？一个人有百般武艺施展不出来，只能沦为平庸。

管理学中有这样一句经典的话："放错了位置的人才就是垃圾。"领导者把一群人才带成了庸才还反咬一口说人才没有能力，这样的领导者是不合格的领导者，这样的领导带出来的团队也不可能壮大。领导者能否在带团队的过程中做到"人事相符"，很大程度上是由领导者的用人态度决定的。

史敬有一家互联网公司，虽然他的公司每个APP都很有创意，但是在市场营销方面的成绩并不理想。做不好营销，再好的APP也很难获得市场份额。史敬深知问题的严重性，因此四处寻找营销人才。最后他把目标锁定在陈芬身上，陈芬虽然年轻，但是已经成功帮助许多品牌做了营销，如今这几家品牌在各自的领域已经数一数二。陈芬虽然不懂APP开发，但是在营销方面却是专家，于是史敬高薪聘请陈芬担任自己公司的营销总监，全权负责APP的推广事务。

陈芬上任伊始就对史敬公司的老式营销策略提出了批评，他告诉史敬："你的APP要想得到用户的认可，站稳脚跟，就必须塑造自己的品牌。"随后，在陈芬的推动下，史敬斥巨资在各大商业中心地区打广告，并且开展了一系列富有创意的户外宣传，比如举办迷你音乐节、城市跑男赛、寻找最美APP代言人等。凭借这几次活动，史敬的APP名气激增，没过多久，他们公司的APP就在各大手机应用市场获得了下载量前十的好名次。

在营销战打响后，史敬又发现了APP开发人才赵志文。史敬将公司最新的APP项目交给赵志文统一负责，并竭力为赵志文提供良好的工作环境和尽可能大的权限。赵志文的想象力充分释放了出来。很快，一款全新的APP又上市了，史敬将竞争对手远远抛在了身后，赵志文也从一个默默无闻的小程序员，一跃成为行业顶尖的APP开发霸主。

可以看出，史敬的APP从默默无闻的"小透明"变成人气APP，在非常短的时间获得如此大的市场份额，与史敬"找对人，做对事"的管理艺术密不可分。

领导者在团队用人的过程中常常会走入以下这些误区。

(1) 只上不下

企业应建立"能者上，平者让，庸者下"这种能上能下的工作机制，及时调整人岗配置，对那些不适应工作环境、不胜任工作岗位的员工，要及时调整，给有能力的人才提供施展才华的平台，让企业高效地运转起来。

(2) 任人唯亲

这是团队领导者最常见的错误，会犯这种错误的原因有二，一是觉得自己的朋友和亲人不会背叛自己。殊不知，这些亲友会觉得自己背靠大树好乘凉，在工作中浑水摸鱼，不仅自己的业绩差，还会把整个团队拖下水；其二是面子问题，毕竟是和自己关系很亲近的人，不得不在工作中多关照一下，只是这关照，也许就关照出了一匹害群之马。

(3) 论资排辈

论资排辈可以说是中国传统的观念了，许多领导者在提拔下属的时候，经常把资历看得比能力重。他们觉得年轻人没有历练过，就算提拔起来，老员工也不会信服，因此不敢轻易提拔年轻人。而这么做会大大打击年轻员工的积极性，同时也会让老员工"倚老卖老"。

一个公司，如果犯了上述的任何一条错误，都会导致人岗难以匹配，人才没有出头的机会，而庸才始终霸占着与自己能力不匹配的位置。这样的公司领导者应该尽快改变自己的作风，及时调整公司的用人标准，为岗位重新选出优秀的人才。只有员工找到了属于自己的位置，公司才会呈现出稳定的人才结构和积极向上的工作氛围。

但真正做到将员工的才干和岗位相匹配并不那么容易，既需要员工脚踏实地去努力，也需要领导者能够真心实意地为人才打开通路。领导者要做到"人岗匹配"，可以按照以下三个步骤进行。

(1) 建立"人事相宜、人岗匹配"的用人机制

建立人才识别与分类的制度，盘活公司和团队现有的人才库，建立公平、公正、公开的人才选拔机制。无论是内部选拔还是外部招聘，都必须按照规范的选拔过程和明确的选拔标准对人才进行甄别。通过岗位实践，对人才进行层级化考核。

(2) 进行岗位分析和员工分析

什么是"岗位分析"？也就是领导者对某项工作进行研究调查，包括和这项工作相关的资料、要求等。做好岗位分析可以解决以下四个方面的问题：

①岗位性质：企业中各岗位的工作任务和形势，以及执行的具体方法，使用的设备等；

②岗位职责：包括工作范围，责任大小和重要性等；

③岗位关系：相关岗位之间有何种协作关系，协作内容是什么；

④岗位要求：每个岗位对员工的具体要求，什么样的人能够胜任这个

岗位。

在了解了岗位的相关特点后，就应该给岗位选择适合的人才了，具体可通过履历分析、纸笔考试、面试交谈、实际操作等步骤完成。领导者必须借助这些途径，来达到真正识别人才的目的。

(3) 进行人岗匹配

这是实现"人岗匹配"最关键的一步，前边做了两步铺垫，都是为了能够实现人和岗位的真正匹配，避免浪费人才。

在具体的实践中，员工是否适合工作要求，会毫无保留地呈现出来，当然情况也各有不同，比如有的员工是因为暂时的不适应而出现短暂迷茫，这是领导者必须要忍耐的，我们不能要求每名员工的心理素质都很过硬，要给员工适应的时间。当然适应期也不能是无限长的，如果员工经过一段时间的锻炼仍然不能适应，就不能再等待了，要承认人才选用失败，重新再来；有的员工是工作责任心不强，但能力具备，领导者就要通过言传身教和赏罚并用的方式进行劝导，如果员工依然没有改观，也应果断弃之不用，毕竟员工的能力和价值是由执行力来体现的。

实现了上述三点后，领导者必将迎来人尽其才的良好管理局面。"没有普通的人才，只有普通的管理。"每个员工都有自己的长处和专业，知人善任，让自己的下属去做他们擅长的事情，才能充分激发他们的工作潜能，实现人才的有效利用。

有一个村子要在通过村里的河上建一座石桥，在完成测绘工作后，村长从村子里招募了很多壮丁。

过了几天，村长和项目负责人对招募来的壮丁进行了筛选，发现其中有很多人并不符合用人条件，有的是独眼，有的是哑巴，还有的人身子骨非常弱。村长决定把这些人全部淘汰，但是负责人却说："我觉得他们人人都有用处，只要把这些人放在适合的岗位上。"

优秀团队建设：创造每一个员工都想要归属其中的组织

于是，在进行工程建设时，负责人分派腿脚强健的人拉车，让手臂强壮的人挖掘，让肩膀有力的人背运，让独眼的人去完成具体的测量画线，让驼背的人负责粉刷地面，让聋哑的人负责拿着命令传信，让体弱的人负责做饭……这样所有的壮丁都释放出了最大的能量。

● ● ● ● ●

负责人的做法很好地诠释了《墨子·鲁问》中"量体裁衣"这个典故，引申出的意思是按照人的不同才能安排岗位，简单来说，就是只有在对的位子上放对的人，才能做出对的事。正如鬼谷子所说，"用人所长，天下无不用之人；用人所短，天下无可用之人"。在选人用才时，就要用人所长、避人所短、量才适用，才能各得其所，不使人才空耗费，也不会让小人得志。

在工作中，"人尽其才、才尽其事、事尽其功"是最理想的管理境界，这样的局面虽不能一蹴而就，却是领导者应致力追求的目标。领导者在选用人才的过程中必须摒弃杂念，真正做到根据岗位职责用人，依素质用人，依能力用人。坚持"找对的人，做对的事"，从才干的角度出发，不断挖掘人才的优点和长处，使人才的最大优势与岗位相匹配，让人才的潜能得到最大限度的发挥，实现高效率，创造高价值。

第三章

制度规范：有规矩才有方圆，用制度规范团队

一个团队离不开合理的制度，如果没有制度的约束，所有人为了维护各自的利益难免会产生摩擦，进而使得每个人都觉得自己受到了不公平的待遇。而如果制订一个与所有人的利益都休戚相关的制度，就会对所有人的行为有一个约束，使结果相对公平，每个人也都无话可说，不会抱怨什么。

优秀团队建设：创造每一个员工都想要归属其中的组织

1. 维护团队制度，人人有责

古人云："不以规矩，不成方圆。"规矩就是制度，制度对领导者管理团队和员工来说非常重要。实际上，团队中的大多数员工都非常认真负责，他们恪尽职守，埋头苦干，这是毋庸置疑的，然而即使如此，有时他们的工作效率还是不高。此时，领导者就应该把规章制度搬出来了。

什么是企业团队制度？在搬出制度之前，领导者首先要明白企业管理制度的含义。

通常来说，企业的管理制度是指企业内部的管理形式和指导思想，企业的管理制度是随着市场大环境的变化而变化的。一个企业的管理制度主要有科学、清晰、合法等特点。

企业制度也有广义和狭义之分，广义上的管理制度包括企业的激励制度、战略发展方针、企业组织结构、企业文化等内容。狭义的管理制度是指企业的各项规章制度、工作标准等。

企业管理制度对于企业的员工和企业的各项活动都有着一定的约束性，是在企业发展过程中形成并完善的制度。

走进王念的公司，每一个科室、部门，映入人们眼帘的都是紧张、繁忙的工作场面。并不是他的职工没有惰性，而是奖励和惩罚的反差，使每一位职工在规章制度面前不敢越雷池一步。

有一次，副总经理到市场部进行检查。在茶水间里，有一包刚刚撕开的咖啡包随意地扔在茶几上。他把咖啡包捡起来，通知

第三章 制度规范：有规矩才有方圆，用制度规范团队

市场部主管，最后发现是莉莉在泡咖啡的时候丢掉的。副总对莉莉说："你负责一周的茶水间卫生，这个月的奖金扣掉一半。"莉莉无言以对，后悔莫及。要知道，一半的奖金足够一个月的交通费了。

又一次，一名行政部员工在上班时间打了一个私人电话，被发现后还拒不承认错误，态度十分嚣张。行政部经理决定把这名员工开除。报告打上去，上级主管立刻批示："同意。"第二天，这位员工便离开了王念的公司。

对这种明知故犯、不按规定办事的员工，领导者只能该罚就罚，杀鸡儆猴，让这些违纪员工在后悔中体会制度的严厉。团队的规章制度是用来约束团队中的每一个人的，而不是单独针对某一个人，因此，我们每个人都有义务、有责任去完善制度，遵守制度。王念的公司严守制度的做法给公司带来了巨大的活力和经济效益，他们的人均利税额和全员劳动生产率，排名均比国内同类公司高出数十位。

可是，在管理团队的过程中，也会出现这样的现象，有的领导者明知维护制度的重要性，但总是抹不开情面，经常在罚和情的两难中徘徊。其实，制度与情面本来就是对立统一的。有时候，在不违反原则的情况下，不妨灵活地运用一番。

高林是一家外贸公司的老板。他经常设身处地为员工着想，在平常的工作中，他既维护了企业制度的严肃，又保护了企业员工的尊严。

有一天，员工雷强违反了工作制度，因为和另一位员工有冲突，动手打伤了对方。按照企业的制度，应该开除雷强。当公司宣布决定的时候，雷强十分生气，但是，他非常委屈地对高林说："当年公司陷入危机，我无怨无悔地跟着你。好几个月都发

优秀团队建设：创造每一个员工都想要归属其中的组织

不出来工资我也没说什么，今天，我就犯了这么一点错误，你就要开除我！真是一点情面都不顾！"

高林非常淡定地对雷强说："我知道你不容易，但是这是公司，公司有公司的制度，我必须要维护公司的制度，这不是可以私下解决的问题，我们每个人都有维护公司制度的义务，哪怕你是公司的元老，也不能例外。"

后来，高林了解到，雷强的妻子下岗了，独自在家带孩子，全家靠雷强一个人的薪水生活。事发当天是因为孩子发高烧进了医院，恰好此时那名同事找雷强要文件，一着急，雷强就不耐烦了，出手打了同事。

听完雷强的遭遇，高林为之感到震惊，他立刻给雷强打电话说："我真糊涂，现在你什么都不要想，赶紧去医院，看看孩子要不要紧。我们是朋友，你放心，事情一定可以解决的。"

听了老板这番安慰，雷强转悲为喜："你不打算开除我了吗？"。

"你觉得呢？你希望我这样做？"高林亲切地问。

"算了吧，我不希望你为我破坏了公司的制度。"

"没错，这样才称得上是我的朋友，你先去医院吧，后面的事交给我。"后来，雷强被安排到一家互联网公司做软件开发。雷强十分高兴，因为他大学时学的就是软件开发，这份工作可谓是得心应手。由此，他更加感激高林。

● ● ● ● ●

实际上，高林不是真正地开除雷强，而是通过开除，把他安排到了另一个岗位上。这种做法既维护了公司制度，警醒了其他员工，又对当事员工起到了惩罚作用。人们常说："制度是死的，人是活的。"每个人都有难言之隐，作为领导者，不能一味地用制度约束员工，这样岂不是太没人情味？案例中高林的做法就很恰当，这就是在不违反原则的情况下，对企业

第三章 制度规范：有规矩才有方圆，用制度规范团队

制度的灵活运用。

企业想要做到可持续发展，必须要建立健全的管理制度，并且要求企业和员工都能严格遵守。如果没有完善的管理制度，企业所有的蓝图都是空谈。为什么企业制度如此重要，可以从以下三点说起。

首先，科学的企业管理制度有利于提高企业的生产效率，在一定程度上也有利于企业的健康发展。有一项调查研究表明，企业在运营过程中，处理一份文件只需要几分钟的时间，而如果没有明确的制度来规定流程，可能就会出现办事找不到人，或者责任推诿的情况。不只浪费了很多宝贵的时间，也影响了工作效率，还可能给企业带来不必要的损失。因此，建立科学的管理制度可以极大地节省工作时间，提高工作效率，让企业的发展越来越好。

其次，企业管理制度有利于提高企业员工的素质。高素质的员工更加有利于企业的可持续发展。在企业中如果没有管理制度对员工的工作在流程、工作方法上做出规定，那么员工在工作中一定会出现散漫放羊的现象，严重地影响到企业工作的氛围。企业管理制度的建立要以企业的实际情况为基础，既能配合企业的发展，又能提高员工的素质。另外企业管理制度的规定也要符合以人为本的原则，要把员工的利益充分考虑进来，让每位员工都感受到归属感。这样员工在遵守工作制度的同时也会投入更多的精力，端正工作态度，提高工作效率，从而促进企业的发展。

再次，建立科学的企业管理制度有利于企业愿景又好又快地实现，这一点是传统的企业管理无法做到的。在现代的企业管理制度中，可以把企业目标充分体现在规章制度中，并且及时地将企业发展的各项信息进行收集和反馈。企业的员工在执行工作任务时如果违反了企业的规章制度，管理部门就可以根据相关规定作出处罚和调整，从而尽快达到企业的生产目标。

一个团队有严明的制度，不仅仅是在维护企业的利益，也是在保护团队成员的根本利益。在我们的实际工作中，对某些问题的纵容和无视，会

给员工造成这样一种错觉：其实这也没什么大不了的嘛。殊不知，这种思想后患无穷。所以，对团队领导者来说，维护和遵守制度不是一个人的责任，而是需要整个团队的配合以及努力才能完成的事情。

企业要想在竞争激烈的经济市场中获得长远的发展，必须要制定出具有科学化、创新性并适应本企业的管理制度，这样不仅可以保证企业的内部管理顺畅，还可以提高企业的核心竞争力，培养员工的整体素质，降低生产成本，实现企业的生产目标，获得最大化的经济效益，从而在市场中立于不败之地，有效地推动企业良性向前发展。

2. 奖惩分明才会使员工积极向上

企业成功的原因虽然各有不同，但也有共性，那就是企业员工工作积极性高涨；而失败的企业则是大多企业员工的积极性差。因此，大多数管理者认为，员工工作积极性是企业成功的关键因素之一，而影响员工积极性的原因有很多，奖惩分明无疑是重要因素之一。

宁波有一家为电子产品生产零配件的工厂。由于工厂的技术过硬，生产效率非常高，一度夺得了业内龙头老大的位置。随着效益的增高，公司内部的矛盾也接踵而来。

这是怎么回事呢？原来，因为工厂内部的奖惩政策不明确，导致员工之间缺乏信任，管理层和基层员工都纷纷辞职，就算是留下来的员工，也没有什么工作积极性了。经理给员工们涨了好几次工资，可是仍然起不到鼓励效果。

第三章 制度规范：有规矩才有方圆，用制度规范团队

到底这个工厂的奖惩政策出了什么问题，才导致工厂面临如此严峻的形势呢？

原来，这家工厂把所有的员工分成三类——普通员工、在编员工和外聘专家。普通工人就是工厂雇佣的那些生产线工人，在编职工大多是工厂管理层，而外聘专家大部分是技术人才，前两者是全职的，外聘专家有兼职也有全职。

每当厂里有了新的业务，或者年底发奖金时，普通员工和在编员工的工资和奖励都是公开发放的，谁多谁少一目了然。但是外聘专家的奖金却是领导单独发红包。由于特聘专家都是专业领域的人才，因此，他们的奖金通常比普通员工和在编员工多出好几倍。这种奖励措施严重激起了大家的不满。

一方面，普通员工和在编员工觉得很不公平。他们觉得大家做的事情都是差不多的，凭什么外聘专家就能多拿那么多奖金。

另一方面，外聘专家也感到很不满意。他们觉得自己是专业人才，经理才给自己这么点奖金，显然没有尊重自己的人才价值。他们甚至觉得没准自己拿的奖金和其他员工是一样的，毕竟其他员工是"自己人"，福利可能更多。因此，他们觉得自己的付出并没有收到相应的回报。

最后，就算这家工厂提高了所有员工的薪水待遇，员工也依然没有原来的积极性了，人心越来越分散。

随着社会经济的快速发展，许多员工对涉及个人切身利益的收入问题，更加关注。如果企业采取"拍脑袋""凭感觉""平衡""模糊"的奖金分配方式，而不是按照个人的工作实际业绩进行奖罚，势必会引起员工对企业的不满。进而员工把不满发泄到自己的工作中，影响企业的生产效益。有的企业，为了达到某种平衡，老板往往对奖金秘而不宣，引起大家互相猜疑，总觉得某某拿得多，不但自己拿得少，不公平。影响了工作积

优秀团队建设：创造每一个员工都想要归属其中的组织

极性，而且还导致老板"赔了夫人又折兵"。

每个团队的奖惩标准都要透明化，正是这样透明的奖惩标准，让每个员工看到了自己努力的意义。员工能很清晰地明白自己现在处于什么位置，应该得到什么样的奖励。同时，奖励过程也应该是完全公开的，哪位员工受到了奖励，受到了什么奖励，以及这位员工为什么受奖励，这些情况都要向团队所有员工公布。

但是，有的领导者明明做到了赏罚分明，为什么团队的工作效率还是不高呢？相信看完下面这个寓言故事，你就有答案了。

老陈家有一只非常聪明的大黄狗，有一天大黄狗放羊回来还叼着一只野兔，老陈对它很是夸奖了一番，还给了它一只大骨棒作为奖赏。大黄狗非常开心地吃起了骨头。

第二天，大黄狗又叼着一只野兔回来了。老陈高兴极了，觉得自己的大黄狗实在太了不起了，就又给了一块肉作为奖赏。可是，晚上赶羊回圈时，老陈却发现羊少了一只。他纳闷了，大黄狗这么厉害，连跑得飞快的野兔都能抓住，一只羊怎么可能追不上？于是，他第二天早上跟踪了大黄狗。到了山上，老陈吃惊地发现，大黄狗根本就没有看着羊群，而是直奔林子里去抓野兔。因为没有大黄狗的看守，好几只羊跑丢了大黄狗都不知道。老陈非常生气，当天晚上就把大黄狗赶出了家门。

其实这个寓言故事非常适用于团队管理。领导者奖励员工，假如不知道应该奖励员工什么，就会适得其反。大黄狗抓兔子，本来是一件正确的、对主人有利的行为，是值得奖励的。但是，主人在给它骨头的时候，并没有告诉它到底是奖励它什么——主人奖励的是大黄狗守羊的功劳，而不仅仅是捕捉几只野兔的行为。以致于让大黄狗认为，抓兔子似乎比守羊得到的奖励更多，所以它自然不会一心一意地去守着羊群了。如果老陈在奖励大黄狗时，让它明白它的主要责任是守羊而不是抓兔子，只有羊守好了它才会有奖赏，那大黄狗肯定不会漫山遍野追野兔了。

因此，在奖励员工时，一定要先让员工明白自己为什么会受到奖励，而且奖励的过程一定要做到公开透明，消除员工内心的怀疑，这样的奖励才是有意义的。

"奖"与"惩"在企业管理中就像是两把锋利的大刀，是领导者管理下属的两把利器。然而，有一点领导者必须明白，只有奖惩分明才能让员工心服口服，才能发挥奖惩制度的积极作用。

奖惩分明的好处主要有以下三个方面。

第一，奖惩分明可以调动员工的积极性。只有奖惩分明才能起到正面的激励作用，如果领导者在执行奖惩制度的时候十分任性，员工难免会对领导的办事标准产生怀疑，从而影响对工作的热情。

第二，奖惩分明为员工提供了一个公平的竞争环境。在这样的条件下，每个人的努力都能被看见，每个人做出的成绩都能被认可。

第三，奖惩分明还能够让上下级关系变得更和谐。如果领导有一个十分明确的奖惩标准，员工自然会信任他，听从他，矛盾就随之减少了。

因此，在奖惩制度上，平均主义、利己主义都是不正确的，奖惩分明才是王道。无功不受禄，有错就要罚，这样才会使团队变得平衡。

那么，管理者在平时的管理活动中，要如何做到奖惩分明呢？希望以下几点建议对你有帮助。

(1) 为员工设立明确的工作目标

如果没有给员工设立明确的工作目标，就不知如何对员工的工作进行考核和评价，那又如何进行奖惩呢？要做到这一点就需要领导者能明确自身的发展方向，并制订出符合企业发展的战略规划，然后根据企业设立的工作目标科学地安排员工参与其中，做到让每一名员工都有工作目标。领导者将工作目标告诉所有员工，让员工带着明确的工作目标投入到工作中去。

(2) 设立工作标准

明确工作目标后,还要设立一套工作标准。没有工作标准,工作目标就是纸上谈兵。领导者要经常对业务流程进行梳理,让员工掌握业务技能和工作流程,以便让员工能按照制定出的工作标准进行工作,从而提高工作效率和执行力。

(3) 建立一套科学的评估机制和改进工作效率的措施

一般情况下,当企业有了发展的明确目标和明确的工作标准后,企业在员工管理方面就已经做得很完善了,但为了能真正做到赏罚分明,还必须要考虑如何对员工的工作进行评估和改进。在这种情况下,就需要企业尽快建立起一套科学的评估机制,并对员工在工作中出现的问题加以解决和改进。因为这样才能提高员工的工作积极性。

很多管理者觉得奖惩分明根本算不上是管理重点,奖励表现好的员工,处罚表现差的员工不就行了吗?似乎这并没有什么好讨论的。事实上,能够做好这一点的管理者并不多,不少管理者都存在赏罚不明的问题。

奖惩措施不应该单单体现在薪水上。因为物质方面的奖励不容易激发员工对管理者的忠诚度,员工觉得自己做得好,老板奖励自己是应该的;而物质方面的惩罚却容易引起员工的不满情绪。因此,管理者需要将物质激励和精神激励相结合,重视精神激励方式的使用,从而真正激发员工工作的动力,促进员工保持努力工作的热情。

赏罚分明,体现了褒扬贬抑,为员工指明了行为方向。它是一种鼓励先进、抑制错误的手段。所以说,作为一名现代团队的领导者,在应用赏罚制度时一定要明白,做不到赏罚分明,还不如不做。

3. 问责从领导开始，奖励从下属开始

当工作出现纰漏时，大部分人都不愿意承认是自己的错误，为什么呢？因为一方面会扣钱、挨批评，更重要的是，会给老板留下不好的印象，影响以后的职业发展。所以，当选择认错还是推诿时，他们都会选择后者。在大家的思维中，只有弱者才会犯错，强者怎么会犯错呢？

史蒂文·布朗是美国财星顾问集团的总裁，他曾经在演讲中说道："领导者若想将管理才能发挥到最佳，必须要勇于承担责任。"

敢于承认错误的都是强者，因为内心强大的人包容性更强。除此之外，员工犯了错，就算承认了错误，也并不会遭受到上司无休止的指责，人非圣贤，孰能无过，下次改正就好了。

同理，想成为一名优秀的领导者，就要学会包容下属的错误，承担该承担的责任。领导者是整个团队的核心，要对每一位下属负责。当团队有了成绩，往往是领导者先受到表扬，同样，团队出了错误，领导者也要首当其冲去承担责任。假如某个团的领导者一遇到错误躲得比谁都远，势必会让团队人心涣散，最终影响的还是自己的利益。

刘明是一家汽车公司的业务员，有一天，他成功地向一家物流集散点推销出10辆面包车。客户明确要求要将后排车座卸载，车部底盘抬高10厘米，不能有差错。但是因为刘明在记录时字迹太潦草了，在录入合同时，将10厘米写成了16厘米。车辆全部装配成功后，刘明才发现这个重大的差错，他抓耳挠腮，只能如

优秀团队建设：创造每一个员工都想要归属其中的组织

实告诉了业务经理徐文，徐经理知道后也是心急如焚，急忙去向客户解释，重新商议了交货时间，承诺免费改装，还当场向客户交付了5万块钱的违约金，客户虽然不满，但是看在徐经理这么有诚意的面子上，还是同意了晚一段时间提货。

徐经理回来后，刘明垂头丧气地向经理递交了自己的辞职书，他认真地承认了自己的错误，并且说会承担这5万块钱的损失。

徐经理很淡定地问他："当你跟我承认错误的时候，我为难你了吗？"刘明摇了摇头。

徐经理又问他："那我有没有把这件事到处宣扬呢？"刘明还是摇摇头。

徐经理接着问："和客户道歉，商议重新交货的时间，是你去的吗？"刘明继续摇头。

徐经理继续问："那我有没有让你承担这5万块钱的损失？"刘明依然摇头。

"既然如此，那你为什么要辞职呢？就因为犯了这个错误？"

刘明沮丧地说："可是我犯了这么大的错误，给公司造成了这么大的损失，我最后还是要被开除的。"

徐经理语重心长地对刘明说："你并不是故意要犯这么严重的错误的。你这次之所以失误，最大的原因是因为业务不熟练，太紧张了，第一次做成一单业务，一激动就写错了。但是好在现在问题都解决了，5万块钱我帮你付了，你以后加点劲，给我把这5万块钱挣回来。要像个男子汉一样，在哪里跌倒了，就在哪里爬起来，要有担当！"

听完徐经理这一番话，刘明流下了感动的泪水，他收回了自己的辞职信。第二年，刘明凭借自己的努力，成为公司的销售冠军。

第三章 制度规范：有规矩才有方圆，用制度规范团队

身为团队领导，一定要勇于承担起责任，就算这个错误并不是自己造成的，也要第一个站出来，揽下责任。这样的领导才会让下属有归属感。领导之所以要站出来承担责任，是因为旁人并不关心造成错误的原因是什么，他们只关心工作的结果。此时，领导站出来承担责任，能够大大提高团队的凝聚力，让团队成员觉得这个领导是值得信赖，可以依靠的。人非圣贤，孰能无过，犯错误的人常有，而承担责任的人不常有。

彼得·德鲁克曾说："当自己的员工出现问题时，身为领导者万万不可推卸责任，甚至指责下属，而应该先把责任承担起来，然后反省自己管理工作中出现的失误。"

如何成为一个勇于担责，受员工尊重的领导者呢？这里总结以下几条，希望对大家有所帮助。

（1）控制自身情绪，树立领导权威

一个合格的领导者应当具备超高的情绪控制能力。当一个领导者的情绪差到极点时，基本不会有员工敢去汇报工作，因为他们担心领导的坏情绪会让领导的判断力受到影响，从而波及领导对自己的评价。

领导者为了更好地管理团队，应该先树立自己的权威。权威并不等于在员工面前说一不二，作威作福，而是严格遵守企业的规章制度，用制度管理团队。

（2）领导要勇于承担责任，利用一切机会培养人才

领导要让问题到自己这里截止，阻止问题扩散。团队中的每个人都有自己的工作岗位，当出现问题时，一定要先自我反省。领导可以适时向员工提出整改意见。在向员工提意见时，领导者要注意自己的说话方式，先反省自己的问题，再说出解决方法。

领导者工作中最大的任务是要"培养人才"，重视员工的教育。当领导者发现手下员工的工作出现偏差时，一定要及时纠正，以免问题越来越大，造成不可挽回的损失。

优秀团队建设： 创造每一个员工都想要归属其中的组织

(3) 领导者对员工要一视同仁，因才用人

团队的制度是用来约束每一位员工的，上至老板高管，下至普通员工，不会因为某种特殊的原因就对某些员工特别照顾。领导者更不能因为自己地位高就产生优越感。

领导者是企业文化的守护者，当发现团队中出现一些不和谐的情况时，就应该从根源上解决，从自己做起，避免企业出现特权阶级。

除此之外，领导者还要深入了解每一位员工，了解他们的优缺点、特长、性格，根据他们每个人的特点因才用人。

当团队出现问题，第一个出来承担责任的应该是领导，当团队做出成绩，应当奖励的是每一位员工。有一个词叫"论功行赏"，就是说在评价员工功过时要保持公平公开的原则，领导者排在最后，才能让员工心服口服。在追究责任时，领导者要站在最前面，将过错扛下来，替属下挡子弹，这样的领导者才会更受员工的爱戴。

4. 把问题尽可能设在制度里

在过去的企业模式里，都是人管人的企业制度，老板管高层，高层管中层，中层管基层。这种制度的集权性太强，没办法调动员工的积极性，所以逐渐被淘汰，以制度管企业的方式逐渐走上企业管理的舞台。这种方法的优势在于员工和领导在企业内部的关系逐渐走向平等，员工积极性得到了极大的提升，整个企业的工作效率得到了明显的提高。因此，领导者想要把团队管理好，就要尽可能把问题设在制度里。

每个企业都有自己的企业制度，但是能不能起到管理的效果，是每个

第三章 制度规范：有规矩才有方圆，用制度规范团队

领导者都要重视的问题。一个团队的制度是否有效，直接影响到团队的管理。

我们现在正面临着这样的问题：竞争市场和人才市场不断变化，应聘者的思想也在变化，员工完全有自由选择工作，而他们衡量企业的标尺是什么呢？就是企业制度是否合理。假如团队制度和他们本人的世界观不一样，那么在工作中就很有可能起冲突。时间一长，这种冲突会在领导者和员工之间形成隔阂，从而影响团队管理。

所以，领导者想要统一员工工作，提高自己的管理能力，就要制订出一套适合大部分人的制度，把问题都设在制度里。

领导制订的制度不仅要让员工接受，而且还要起到管理的效果。所谓制度，当然是条件越严苛，对领导者好处越多。但是很明显，员工不会接受这么严格的工作制度。然而制度太宽松，又失去了管理的意义，对团队来说是有害的。因此，领导者在制订制度时，既要融合员工的利益，又要考虑团队的前途，这样的制度才是有效的。

一家刚成立不久的公司，效益不算太好，但也可以维持生计，造成这种局面的原因主要是没有制度的约束，每一位员工干好干坏一个样，干多干少一个样。为此，公司的老板绞尽脑汁，订立了一套制度。

这套制度刚刚推出后，许多员工都对此非常不满，纷纷要求老板重新订立。按理说，制度是由领导者而定，为什么他们要求重新订立呢？

原来，这位老板所制订的制度不能让他们适应。在许多规定中，老板只提到严格要求每一位员工服从管理，并根据员工工作量的大小付给相应的工资，但是，整个制度中没有一句话涉及什么时候发工资。

优秀团队建设：创造每一个员工都想要归属其中的组织

从上述事例中你可以看出，作为一名领导者，没有制度无法管理，也不能实现高效益。可是，如果制度不完善也是无法提高效益的。员工是为了挣钱而来的，这是他们的第一需要，如果领导者只知道用制度约束他们，又不能在制度中显示出领导者的诚意，员工自然不会服从管理。

把管理中遇到的问题设置在企业制度里，把企业管理建立于制度之上，这样不仅可以减轻领导者的管理负担，还可以使管理提高效益。

但怎样才能既落实规章制度，又使员工心悦诚服呢？你不妨看看下面这个例子。

小朱因工作成绩出色被总经理直接提拔为总经理助理。总经理深知小朱的工作能力，就把大部分的工作都交给了小朱。

有一次，总经理到深圳的一家企业去考察。在考察中发现，这家企业的全体员工都积极地、有条不紊地紧张工作着，总经理好奇地问这家公司的负责人："你们的部门主管都不出来看看员工的工作进度吗？从来不巡视吗？"

这位负责人告诉他："我们这里是制度化管理，从总公司到各车间，都有各自的工作制度，每一位员工都按制度去工作，所以他们工作很积极。"

总经理立刻就掏出手机给小朱打了一个电话，他要求小朱立即起草一份管理制度，小朱心想：制度条例倒好说，要怎么样才能让大家都遵守制度呢？最后小朱决定还是根据公司的实际情况来制订制度。

小朱在订制度时，首先想到了职工的切身利益，然后又分析了这样定是否对公司有利，根据这种想法，新的公司制度很快就出台了。

新制度实施后果然奏效，每一位员工的工作积极性都有了极大的提高，就连一些中层管理人员，也好像换了个人似的。不再到处转，而是看到哪一个工作岗位忙，便过去帮忙。一个月后，公司的产品销售量由原来的10万件，增加到20万件。

小朱是使用什么方法，使自己的管理制度更有效呢？原来小朱在订制度前，首先对各工作岗位进行大量调查。他发现，同一条生产线上有的岗位很重要，有的岗位却不太重要，但是又不可缺少。于是，他对重要岗位上的制度稍微严格了些，而对不重要的岗位稍微松弛一些，并且根据员工付出的不同，薪水也有所不同。当制度起草完毕，他还征求了大家的意见。大家一致认为，这些制度很合理，完全符合自己的劳动付出和相应的回报，同时也得到了总经理的好评。

领导者在制订规章制度时要注意哪些问题呢？以下几点，希望给大家做个参考。

（1）制订的规章制度不能违法

很多领导者在制订自己团队的规章制度时，由于对法律不了解，导致制度和法律法规有所冲突，因此制度不具有法律效力。所以，在处理违纪员工的时候，因为制度无效，难以产生作用，导致规章制度只是摆设。因此，团队制订规章制度必须合法。

（2）规章制度要经过民主程序肯定

管理要顺应民意才能长久，但是，现在很多企业在制订规章制度的时候，通常是几个高管或者董事会制订，最后投入实施。但是，我国法律规定，公司的规章制度应该通过民主大会的形式，经民意代表同意，并且多数员工通过，才具有效力。

（3）规章制度应该及时修改、补充

市场不断变化，用人形势也在不断变化。所以说，企业的规章制度一定要根据目前的情况及时作出修改和调整，这样才能保证制度的可行性，才能最大限度地发挥制度的管理意义。一个常改常新的企业制度，才是合

理的制度。

企业制度和企业业绩其实是紧密相关的。制度合理，企业管理就有效果，企业管理有效果，员工工作效率才会提高，工作效率提高了，企业业绩自然就提高了。因此，越早建立企业制度，对企业团队管理越好。

总而言之，对于企业，抑或对于企业管理者来说，离开了制度，企业就没法正常运作。领导者想要获得双赢的局面，就应尽快出台一部既令员工满意也让领导满意的制度。

5. 善用"末位淘汰制"

目前，有许多企业制定了员工考核体系，并以此标准对员工进行考核，根据考核的结果对职工进行淘汰，这就是人们常说的末位淘汰制。大家对"末位淘汰制度"的意见不统一，有人认为它能调动员工的工作积极性，有力地避免了人浮于事、效率低下的工作状态；有人则认为末位淘汰制不符合以人为本的管理原则，容易造成职工心理负担过重、同事关系紧张等恶性循环。

可是，在团队发展过程中会遇到各种挑战。面对这些挑战，领导者只有采取相应的措施，才能使自己的团队在激烈的市场竞争中立于不败之地。末位淘汰制就为企业提供了这样一种非常有效的方式。

如何操作"末位淘汰制"呢？

最重要的一步就是要对员工进行分类。每个企业有很多部门，每个部门又有很多员工，他们有各自的工作岗位，在团队中扮演着不同的角色。正因如此，才有了高下之分。领导者可以把员工分为三类——非常重要、一般重要和可有可无。然后再根据这个分类，把那些对团队毫无价值的人去掉，这就是团队裁员的依据。

末位淘汰制的精髓在于激发员工的潜能。末位淘汰制是和目标责任制相对应的考核制度，但末位淘汰制的考核要求更高。末位淘汰不仅会把完不成目标的不合格员工淘汰掉，也会把能胜任工作但表现不显眼的员工淘汰掉。严格地讲，末位淘汰所淘汰的并非是不合规员工，而是一群合格员工当中最不优秀的那一个。

有人形容华为是商场人才的摇篮，华为员工个个都是商场上的猛将。华为是如何培养出这么多人才的呢？这离不开华为用人的"四子经"——桃子、绳子、鞭子和筛子。

桃子代表着诱惑，一方面华为的品牌与美誉度能吸引到许多优秀人才，另一方面，华为的薪酬标准在同行业内非常具有竞争力。

绳子代表着牵挂，成为华为的正式员工后，业绩达标，两年后员工能获得虚拟受限股，参与公司的利润分红，获得劳动以外的物质回报。

鞭子代表着约束，华为践行狼性文化，制度严苛，赏罚分明，让你不得不进步。任正非先生在用人上有句名言："给的钱多了，不是人才也变成了人才。"高薪酬与严要求相结合，才能激发员工自觉性，提高责任心与上进心。

筛子代表着鞭策，华为每季度进行一次全员绩效考核，实行末位淘汰。近年来，末位淘汰的做法在互联网上饱受争议，有不少声音提出末位淘汰触及了法律底线。

华为在用人上始终贯彻末位淘汰的思想，这一做法也是华为人事管理上最大的特色之一。末位淘汰给员工施加的压力是很大的，虽然不近人情，但末位淘汰对激发员工潜能，对优化人力资源结构的帮助毋庸置疑。

优秀团队建设：创造每一个员工都想要归属其中的组织

任正非先生谈及华为文化时说道："公司不迁就任何人，末位淘汰要日常化。"华为将末位淘汰融入日常绩效考核工作体系，实现末位淘汰日常化。不合格干部清理和员工末位淘汰形成制度和量化的方法，立足于绩效，用数据说话。面向未来，逐步把不合格干部清理和员工末位淘汰工作融入到日常绩效管理工作体系中，以形成一体化的工作模式，而不是独立开展的工作。

华为的案例告诉我们，末位淘汰制确实对企业的管理有积极的影响。但也有人提出，我们虽然激励了大部分员工，但是对于那些即将被淘汰的小部分员工，是不是太残酷了呢？领导者应该如何对待这部分员工呢？

人们寻找一份工作，不是只为了挣钱保证自己的生活，更重要的是让自己的能力有所提高，找到一条真正适合自己的职业道路。所以，对于那些即将被淘汰的员工来说，如果在一定的时间内还是没有适应工作环境或者业绩没有任何起色的话，就说明这份工作不适合他。而且，假如继续这种"末尾"的状态的话，员工的积极性会受到打击，进而受到更大的伤害。

不过，虽然有些企业实行末位淘汰制，但是有些领导者还是会给部分员工改进的机会。此时，员工该如何正确面对呢？其实这个问题很好解决，我们来看看下面这个案例。

楚静是一个刚出校门不久的大学毕业生，她的专业很好，但对环境的适应能力很差。经过几次面试后，楚静最终在一家规模比较大的企业里找到了工作。上班没几天，楚静就了解到，这家企业实行的是末位淘汰制。

几个月过后，楚静并没有取得好的业绩，她的业绩几乎落后于所有的员工，而且看起来没有一点儿赶超同事的机会。这天，老板将她叫到了办公室："小姑娘，你有什么问题吗？"

第三章 制度规范：有规矩才有方圆，用制度规范团队

老板的问题让楚静意识到了事态的严重性，她知道自己很可能会被开除。"我知道我的业务能力确实不太理想，可是……"她的话还没有说完，老板就打断了她："我知道打断别人的话很不礼貌，但是楚静，你好像还没了解我的意思，我是问你有什么问题吗？"

楚静一头雾水，但她仍然很淡定地面对老板的问题："在与客户聊天时，我发现自己并不能真正了解客户的意思，这使得客户对我产生了反感。我承认我在沟通上存在很多问题，这些问题一直困扰着我。"

老板继续问："楚静，你还有什么问题吗？"

楚静只好又说道："我发现放弃自己的专长，选择自己并不擅长的业务领域是一个错误。"

这才是老板真正期待的回答："看，你终于发现问题了。"接着，老板递给楚静一封辞退信。楚静垂头丧气，心想自己果然逃不过被辞退的结果。没想到这时，老板说："我们这里缺少一名合适的办公室助理，你愿意为我工作吗？"

楚静当然很愉快地接受了老板的提议，在后来的工作中，她确实意识到自己当初选择的领域是错误的。

从这个案例中，我们知道，每个人都有自己的长处，有自己擅长的领域，假如让自己在不擅长的领域参与竞争，无疑是拿自己的缺点和别人的优点相比，怎么会有胜算呢？作为领导者，我们一定要帮助员工找到他们擅长的领域。

在一家企业里，员工被辞退很可能有两种原因。

第一，员工的工作状态出现变化，导致他们的发挥失常。这只是个暂时性的问题，解决起来很容易。找时间放松一下精神，调整一下心态，就能回到原来的工作状态。

第二，由于员工对自己没有清晰的认识，导致选错了领域，从而不能胜任自己目前的工作，就像案例中的楚静一样。在这种情况下，领导应该告诉员工，让他们重新选择自己的职业，而不是一直把注意力放在自己的短板上。

"末位淘汰制"听上去好像很残酷，但是客观地来说，它为员工的发展，企业的进步提供了一种很好的机制。既能刺激员工进步，又能提高企业业绩，可以说是双赢。当然，"末位淘汰制"对员工的要求也非常高。

"末位淘汰制度"是一种竞争机制，在行业内，它激起了企业与企业之间的竞争；在企业内，它激起了部门与部门之间的竞争；在部门内，它又激起了员工与员工之间的竞争。"末位淘汰制"为竞争提供了公平，它激励员工们不断改进自己，完善自己，为实现自己的梦想而努力奋斗。

6. 严守纪律，时刻走在团队要求的轨道上

春天，大雁排成"一"字或"人"字形，从南方飞向北方；秋天，大雁排成"一"字或"人"字，又从北方飞回南方。年复一年，它们总是这样，摆着雁阵飞来飞去。

为什么大雁要这样做呢？原来，大雁通过摆成这种阵形飞翔，可以减少空气当中的阻力，为自己节省力气，顺利地到达目的地。从这件事情可以看出，大雁通过团队的力量，调整队形，井然有序，最终整个团队都可以安全地到达目的地。

在我们的现实工作当中，如果你能比你的竞争对手做得更规范一些，更遵守纪律一些，就会树立良好的团队品牌形象，给别人留下好的印象。

第三章 制度规范：有规矩才有方圆，用制度规范团队

从而增加组织的信赖度和美誉度，赢得别人的尊敬和支持。在职场生涯中，这样的团队将是一支百战不殆的战队，愈战愈勇、所向披靡。

20世纪80年代，湖北的一家大型百货公司的老板乔林突然解雇了为自己尽忠将近十年的副总经理鲁昂。这一举动震惊了当地的商会，甚至有报纸谴责乔林这种冲动的行为。

所有人都在为鲁昂鸣冤，指责乔林过河拆桥，丝毫不顾及往日的情面。大家认为乔林毫不犹豫地解雇鲁昂是因为鲁昂没有利用价值了。在社会舆论的攻击下，乔林理直气壮地回复："严守纪律是我的底线，在我的公司里，凡是不遵守纪律的人都要受处罚，就算这样的方式会影响公司的经营。"

到底发生了什么事让乔林如此生气，甚至解雇自己的左膀右臂呢？

当时，鲁昂是由"东方食品厂"跳槽到乔氏百货的。当时，乔氏百货的主营业务是服装和日化品，因此，食品部门的业务比较弱。正因为如此，乔林才会从"东方食品厂"挖来鲁昂。于是，有能力、有热情的鲁昂到乔氏百货之后，就像是为乔氏百货注入了一支兴奋剂。

鲁昂的业务能力真的非常出色，为乔氏百货做出了很大的贡献。十年来，他把乔氏百货的业绩翻了不止十倍，食品部门一片繁荣景象。

然而，事情并不像表面上看上去那么和谐，鲁昂和乔林的工作态度和对经营销售方面的观念有极大的不同。鲁昂是属于开放型的，非常重视对外开拓，对部下也放任自流，这和乔林的管理方式迥然不同。

乔林走的是传统路线，为人处世比较保守，一切以顾客的利益为先，从来不重视和批发商、零售商们的交际、应酬。他对员

优秀团队建设： 创造每一个员工都想要归属其中的组织

工的要求非常严格，要求员工完全发挥自己的主观能动性，以严密的组织作为经营的基础。这种性格的乔林当然无法接受鲁昂"放养员工"的管理办法，乔林因此要求鲁昂调整工作方式，按照乔氏百货的管理方法去做。

但是鲁昂根本就不搭理乔林的警告，依然我行我素。特别是食品部门的业绩蒸蒸日上，充满自信的鲁昂就更不可能按照乔林的说法做了。他说："公司的发展越来越好，证明我的管理方法是正确的，为什么一定要按照规矩来？"

如此一来，双方的矛盾越来越严重，最后到了不可收拾的地步，乔林只好下定决心解雇鲁昂。

乔林的做法虽然太不近人情，但是从乔氏百货的立场上来说，这是关系到公司生死存亡的决定。对于严守纪律的乔林而言，虽然公司的盈利越来越多，但是公司内部不遵守纪律的现象也越来越严重。时间长了，也许会毁掉乔林辛辛苦苦建立起来的基业。从公司纪律的角度来看，乔林的做法是正确的。

乔氏百货的案例告诉我们：公司必须把纪律放在重要位置。

纪律是什么？纪律就是规则，是要求人们遵守秩序、执行命令和履行职责的一种行为规范，是用来约束人们行为的规章、制度的总称。

在现实生活中，每一个人的心里都或多或少地向往自由，想过无拘无束的生活。但一个国家假如没有法律，违法犯罪事件太多，社会安定将无法得到保障，人们的生命财产也不能得到保障。正是因为有法律的制约，社会才能安定，人们才会有更多的精力去促进发展，人们的生活水平和生活质量才能提高。

在一个组织、团队里，假如没有纪律的约束，就会导致员工工作态度不严谨、上班迟到早退、工作态度不端正、工作行为随意、口出恶语、做事拖拖拉拉、工作秩序杂乱无章，那么工作业绩将无法得到保证，工作形

第三章 制度规范：有规矩才有方圆，用制度规范团队

象一败涂地，只能等着慢慢被市场淘汰。

对于员工来说，最好的纪律莫过于自我约束，因为遵守就是在维护自己的利益，维护团队的利益。所以说，领导者不必耳提面命把纪律挂在嘴边。假如某天真的需要通过纪律管理来惩罚员工，这既是员工的失败，也是领导者的失败。所以说，一个领导者要在其他惩罚方法没有效果的情况下，才能借助纪律处罚。领导者一定要注意，纪律不是彰显自己威严的工具。

《西游记》中，孙悟空精通七十二变，上天入地，用自己的法力为师傅立下汗马功劳，但他也是最不守纪律的。他常常自作主张，为所欲为，所以，他被套上了一个紧箍咒。就算唐僧是出家人，心怀慈悲，仍然需要借助紧箍咒来管理他。试想如果没有这个"紧箍咒"，唐僧如何管理孙悟空？如何带领好整个团队？如何成功到达西天，取得真经？团队纪律就犹如"紧箍咒"，把团队管理得井井有条。

可以这么说，良好的纪律可以培养员工良好的工作习惯和个人修养，但是，当一名团队员工的自制力已经锻炼到炉火纯青的程度，纪律对他来说，就是可有可无的。纪律的真正目的正是在于鼓励员工达到既定的工作标准。

什么是良好的纪律？一个良好的纪律可以用这四个字来形容——烫炉原则。换句话说，就是用与烫炉有关的四个名词来形容纪律准则。

第一，预先警告原则。假如火炉是滚烫的，所有人都有一个清醒的认识，只要一碰就会受伤。

第二，即时原则。假如你敢以身试法，把手放在滚烫的火炉上，你马上就被烧伤，也就是说，你马上就要受到惩罚。

第三，一致性原则。简单地说，就是保证你每次傻乎乎地用手触摸烫炉肯定都会被烫着，不会有一次例外。这样的纪律政策应该是很严密的。

第四，公正原则。就是对任何人，不论性别，不论职位，不管名声有多么显赫，只要用手碰到了火炉，一定会被烫伤。

有了良好的纪律，就要遵守纪律，作为领导者，要如何促使员工遵守对纪律呢？

首先，全面了解纪律的内容。纪律的内容很多，每个集体都有自己的纪律。我们每个人都同时生活在几个集体里。所以要主动地学习各种纪律的内容。党的纪律、团的纪律、宿舍纪律、教室纪律、学习纪律等。只有知道了应该怎样做，才能自觉地做好。

其次，充分认识制定纪律的必要性和遵守纪律的重要性。为什么制定纪律，为什么必须遵守纪律，结合自己学习和生活的实际，深刻认识这其中的道理。只有认识提高了，行动才能自觉。

最后，敢于批评和制止违纪行为。不遵守纪律的人，破坏他自己的自由，也破坏别人的自由。批评和制止违纪行为，是爱护违纪的人，是维护他的利益。批评和制止违纪行为，也是维护大家包括自己的利益。

"国有国法，家有家规。"没有纪律，哪来的企业稳定？但确立纪律一定要结合团队目前的实际情况，紧紧跟随时代发展的脚步，不能一成不变。否则，将无法起到约束人、管好人的作用。

第四章

有效沟通：让团队建设畅通无阻

在带队伍的过程中，很多领导者都会遇到这样的难题：会开了无数次，话说了一大堆，可员工就是听不进去。在管理中，有效的语言沟通不仅能让领导者提高管理效率，更能让领导者节省精力。所以，运用科学的沟通方式将有助于促进员工之间的相互了解，有助于促进上下级之间的默契配合。

优秀团队建设：创造每一个员工都想要归属其中的组织

1. 平等是沟通交流的前提

有这么一封电子邮件，寄件人是一家小型企业的中层管理人员，邮件的内容大致是这样的。

上个月，我们公司空降了一位副总，最初我们以为他只是莅临公司进行暂时指导。虽然我们对于这一现象已经司空见惯，但是面对这种空降的领导还是有点担心。这位新副总以前在知名的大公司担任重要职位，突然来到我们公司，让大家感到很不轻松。可能是因为他的领导架子让大家不再感到平等了。

这位空降副总是拥有多年管理经验的人，其领导的威严让我们"折服"。他刚上任第一天与我们部门一起开早会，倒也十分顺利，大家了解了工作目标及每个人所应该做的工作，对撰写策划案、客户管理、日常工作等事务也都进行了详细的落实。可是会议的气氛十分紧张，这位副总颐指气使的态度让人很难亲近。

小陈是我们公司的老员工了，他比我还要早半年进入公司，我与他同处一个部门，关系还不错。他虽然嘴上没有抱怨新领导的工作分配，但是我们都知道每一位员工心里或许都有些不满。任务虽然落实得很清楚，但不管是和新领导的沟通上还是在工作要求上，我们都有些苦不堪言。

为什么这位上司布置的任务很合理，却招来下属的不满呢？主要还是

第四章 有效沟通：让团队建设畅通无阻

这位领导的沟通方法有问题。

一项调查研究显示，有六成以上的主动离职人员是因为"和上级相处不好"或"不满上司的行事作风"，而在这六成的离职员工里，有大部分人的工作能力很突出。表现优秀的员工因为"和上级相处不好"或"不满上司的行事作风"而离职，我们不能把所有的责任都推到员工个人身上。鼓励员工，激发员工的潜力并留住员工本身就是管理者的职责之一，现在这些优秀员工因为"和上级相处不好"或"不满上司的行事作风"而离职，领导者自然也要负一部分责任。

一般情况下，这些"逼"走员工的管理者有一个共同点，就是他们都是"专制型"领导，在工作中说一不二，做事雷厉风行，对员工缺乏耐心和细心，有时，处理事情的方式也十分粗暴。其根源就在于领导者没有以平等的身份对待员工。毕竟企业不是军队，员工们是一个个有个性、有思想的新时代人才，领导者不能以"专制"压制人才的发展。

"新官上任三把火"，领导刚上任对员工严格要求是可以理解的，但是作为领导不能只讲究结果，如何做好和员工的沟通工作，对领导者能否赢得员工的信任和支持是至关重要的。

作为领导，平等对待员工是合作的前提。那么，领导该如何做到平等呢？

（1）尊重员工的选择

员工拥有自己的人身自由和工作自由，领导者不能觉得只要签了劳动合同员工就"卖"给自己了。对于员工的辞职，领导者要理智对待，这不是员工的背叛，更不要因此而否定员工的人品。否则时间长了，会渐渐让你丧失人心，从而影响团队发展。

我们不妨这样想，也许是因为团队的目标和员工的目标相违背了，员工没办法获得好的发展；又或许是因为团队的价值观和员工的价值观产生了偏离，员工才会选择离职。因此，你要学会尊重员工，而不是强求员工，对他们心存偏见。

优秀团队建设：创造每一个员工都想要归属其中的组织

（2）给员工留一些私人时间

我观察过很多团队，发现一个很有趣的现象：有很大一部分员工在下班之后都不愿意离开办公室，就算一整天的工作已经完成了，他们也要在办公室多待一会儿再走。工作没做完留下来加班可以理解，但是工作做完了，还留在办公室不肯走，恐怕就和领导者有关了。

对于一个领导者来说，只知道要求员工埋头工作是不对的，有的员工到了下班时间也不走，通常是因为领导还没走，而不是因为他多么热爱工作。

确实，领导者热爱工作，以身作则是一件好事，但是，这并不代表所有的员工都要跟你一样。大部分员工都希望自己的工作是快乐的，是享受的。他们希望提高自己的工作效率为企业做贡献，他们也想让自己的工作得到老板的肯定，并且获得相应的薪水。但是在下班后，他们希望这部分时间完全属于自己，能够忘掉工作，和朋友一起逛街，和家人一起吃饭。

我觉得领导者应该尊重员工的这种人性化需求，尽量避免在下班时间安排员工工作。这样员工就不会想尽办法拖延时间而影响工作，反而会为团队创造一种轻松活泼的氛围，提高工作效率。

（3）把下属当作你的合作者

一个优秀的团队是由大家组合而成的，团队中的每一个人，不管是领导者还是普通成员，都应该是平等的，他们只是在工作中扮演不同的角色而已。把员工当成自己的合作者，用"同事"来称呼他们，就是一种尊重和平等。

（4）尊重和包容差异

我们的团队成员来自不同的家庭，不同的地域，他们拥有不同的性格，不同的生活经验。身为领导者，要学会包容每个员工的差异，找出所有员工的共同点。

一个合格的领导者能够包容员工不同的个性，能够塑造团队共同的价值观。虽然每个人都是特别的个体，但是每个人都可以为团队作出贡献，所以领导者要承认人与人之间的差异，放下自己的偏见，学会用不同的管理方式管不同的人，充分发挥每一个员工的优势和长处，使团队更有活力，也更有效率。

员工选择来你的团队工作，身为领导者就有义务帮助他们在团队中成长；不能把他们的成绩看作是你的功劳，不要认为员工应该为此付出相应的代价，更不要理所当然地认为他们必须听从于你。

一个优秀的领导者真正应该做的就是接受员工的选择，理智看待员工离职。如今，员工离职跳槽已经见怪不怪了，领导者要学会正视这个问题，同时也要思考员工的离职是不是与自身的管理方式有关，随时检讨并不断调整自己的管理模式。

（5）尊重员工的立场，发挥员工的主观能动性

团队成员对于领导者分配的任务有时候不会完全服从，这样就产生了分歧，领导者可以根据自己的经验做出最好的选择，但是千万不能自己研究所有的思路想法，不给员工一点机会。

当员工的观点出现错误时，不要急于纠正，应该尊重员工的想法。领导者可以进行适当的引导，鼓励他们从已有的方案中找创新点，而不是直接告诉他们怎么做。这样才能更好地发挥员工的主观能动性，帮助员工成长。

（6）放下姿态，融入员工的工作和生活圈子

俗话说，"物以类聚、人以群分"，作为领导的你所处的圈子很可能也都是领导。领导者不仅要给予员工精神奖励，物质奖励也很重要。如果你团队成员平时工作时都很团结和谐，畅所欲言，气氛非常融洽，每当你出现，他们就变得毕恭毕敬，不再自由了，这时你就该好好反思一下自己了。

为了改变这种现状，不让员工和领导者继续尴尬，领导者就应该学会放低姿态，真正与团队一起同甘共苦、团结奋进，这样的领导者不仅不会自贬身价，反而会赢得员工更多的敬重。

(7) 重视双重沟通

团队的成员是人，不是工作的机器，他们有自己的见解和观点，但是许多员工不愿让领导者知道。他们认为，领导就是领导，是管理者，更是自己必须服从的人。于是这种单向沟通压抑了他们的思想，使得很多有创意的想法不能付诸实践。

作为领导者，应该多关心有这种想法的员工，鼓励他们表达自己的见解，让他们感受到团队的归属感。领导者要鼓励员工主动去跟自己沟通，让他们知道领导并不是独裁者，而是布道者。要和员工进行沟通，平等的身份很重要，让员工明白他们在你心里是很重要的，你是认可他们的。让员工能轻松地跟你沟通，表达自己的想法。

2. 要倾诉更要倾听，倾听让沟通更容易

团队中的每个人都希望自己能够得到别人的认可和欢迎。而要想获得他人的认可，最好在表达自己的想法之前，先倾听一下对方的心声。"说话听声，锣鼓听音"，说话之前先听，不仅可以避免说错话，而且可以很轻易地获得他人的认可。

人们从微小的细节里面可以发现真理，同样，在团队管理中也存在着这样的现象，领导者对小问题的处理方式，往往能够体现出团队领导者的管理能力。而懂得倾听员工的心声，更是领导者能力的一种体现。

倾听是沟通中一个必不可少的环节。领导者与员工进行沟通时，最关键的就是倾听。但是，很多领导者都没有注意到这一点，他们觉得下属只要服从自己的命令就行了，自己没有必要倾听他们的心声。有些领导者常

挂在嘴边的话就是:"我已经讲得很明白了,我不会再说第二遍!"这种情况下,基本没有几个人真能把话听进去。

在倾听员工方面,海尔集团的做法就很值得我们学习。

> 海尔集团会给每一个新员工发一些"合理化建议卡",新员工有什么意见,不管是工作上的,还是生活上的,都可以向领导者提出来。对于合理的意见,海尔领导者会认真采纳,并给予提意见的员工精神或者物质奖励。而对于那些不恰当的建议,领导层也会及时回复。这种行为会让员工明白自己的建议是被研究过的,他们会觉得自己是被重视的,此后也会更积极地提出有利的建议。所以作为一名优秀的领导者,要学会倾听员工的心声,这样才能激励每一位员工为公司作出贡献。

团队想要创造成绩,和每一个成员的积极参与分不开。员工的积极参与和企业的发展密切相连,而倾听是刺激员工积极性最直接、最有效的方法之一。

> 曾经听过这样一件事情:一位经理组织同事们针对新项目开展讨论。刚开始,大家都有条不紊地说着自己对项目的看法和工作进度。最后,轮到经理发言时,他十分激动,滔滔不绝,有人想提出自己的看法时屡屡被他制止,整个会议最后演变成他一个人的发言会,这让员工们十分不满,讨论会在十分尴尬的气氛中结束了。

这个案例给我们的启发是:作为一个好的倾听者是成为一个成功的领导者的重要特质之一。那位经理就是没有注意双方沟通时"注意倾听"这个细节才引起公众的不满。有位学者说:"成功的捷径就是把你的耳朵而不是舌头借给所有的人。"就是强调了倾听在沟通中的重要作用。

优秀团队建设： 创造每一个员工都想要归属其中的组织

倾听是领导者带团队的一种能力。特别是企业的高管更要学会倾听，因为高管不需要直接去说服员工，而是需要在复杂的信息中倾听员工的心声，充分激发下属的潜力。因此，领导者要培养自己的耐心，在做决定时多多听取下属的意见。倾听的范围广了，做出的决策正确率就高，这样才有利于企业未来的发展。

说本田宗一郎是一名非常杰出的领导者，一点也不为过，他总是怀念一件让他终生难忘的事情。当时，美国分公司的技术人员罗伯特找到本田时，他正在办公室里午休。罗伯特非常兴奋地把自己花了一年时间设计出来的新款车介绍给本田，并且对他说："您看，这车型很棒，我觉得肯定会受到消费者的喜爱……"但是，罗伯特说了一会儿就突然把设计图收了起来。正在休息的本田觉得不对，马上抬头准备把罗伯特叫回来，但是罗伯特毅然决然地离开了。

第二天，本田为了弄清事情的原委，亲自邀请罗伯特一起共进午餐。可是罗伯特对本田说："本田先生，我已经把回美国的机票买好了，谢谢您之前对我的重用和信任。"

本田满脸狐疑地说："这是为什么？"

看着本田先生真挚的眼神，罗伯特说："我之所以会离开，还是因为昨天在您办公室，您从头到尾都没有认真听我的设计讲解。当我给您展示我的设计时，我是非常骄傲的，但是，您却没有任何反应，一直在闭目养神，因此我非常生气。"

没过多久，罗伯特带着自己的新设计稿到福特公司应聘，他的新设计得到了高层的关注，福特新款车很快就面世了，这次福特新车的推出给本田造成了很大的打击。通过此事，本田宗一郎明白一个道理：身为领导者，如果不能有耐心地听完员工的话，不把员工的感受放在心上，就会失去大量的人才，说不定还会把

第四章 有效沟通：让团队建设畅通无阻

自己辛苦建立起来的基业毁于一旦。

对于领导来说，倾听是自己和员工之间平等交流的一种方式，耐心倾听员工的心声，能让员工感受到集体的温暖。有一颗善于倾听的心，才能让领导拥有忠诚的员工。

在团队管理中，如果领导者总是用长官的语气命令员工为团队工作，那么团队将得不到进一步的发展，甚至有可能会因为失去人心而濒临解散。团队领导者如果用耐心的倾听代替冷酷的命令，那么一定会感化员工的心灵，让他们长久忠诚地为团队创造价值。

在现在的竞争环境中，领导者必须学会倾听，否则就会被人蒙蔽，将团队带向失败。很多领导者不明白倾听的重要性以及倾听的价值。很多领导说要让员工多提意见，但他们只是随口说说而已，并没有真心地想要从员工那里获取意见。倾听是每个领导者的基本能力，不懂倾听的领导者一定会失去团队与员工的支持。如果没有这种支持，领导者的地位就只是一个空头衔，不能有效地发挥管理的作用，最终会被淘汰出局。

在领导团队的过程中，有哪些倾听技巧需要学习呢？

（1）领导者要学会体会员工的话外音

领导者与员工的交流过程中，有时由于员工太内向，没有把自己的意思表达得很直白，对于这种情况，领导者就必须通过当时交流的环境或者自己以往的工作经验，去理解员工的真正意图。

（2）要学会抓住谈话重点，理清思路

通常来说，一个思维敏捷和沟通能力都很强的领导者在与员工沟通时，能快速而准确地抓住员工说话的重点。同时，他还能理清思路，就事论事字字珠玑，句句在理。

领导者想要达到这种境界，除了平时要多看多听以外，特别要注意在倾听时，不要光顾着看对方的表情，重要的是要听内容，抓住员工说话的关键词，这样才能提高沟通效率。

(3) 要认真揣摩员工的真正目的

在平时的工作中,大家经常会遇到这样的情况,有话直说大家都能理解得明明白白,对于那些讲话转弯抹角的人,我们就要花些心思了。有些话语的真正意义是要结合当时的语境去体会、理解的,这一点对于听话者的人生经历要求很高。

想要学会倾听,除了要掌握这些技巧,还要对自己的行为举止进行改进。

领导者倾听时要直视员工的眼睛,眼神不能飘忽不定,要努力用眼神传达自己的讯息。但是也不能呆滞地盯着员工,这样只会让员工觉得无所适从,沟通也就到此为止了。

美国哲学家爱默生曾经说过:"所谓耳聪,也就是倾听的意思。"聪明的领导者懂得听取员工的声音,只有倾听才能让人获得大量的信息,并思考其中的意义,最后做出有利于团队发展的决定。

领导者不仅要通过倾听收集信息,还要从信息中分析员工的心态,当了解了员工的想法与动机时,倾听才能变得更有效。所以,领导者只有学会聆听员工的心声,才能安抚好人心,带好队伍。

3. 不仅要知道"说什么",还要知道"怎么说"

有不少团队领导者每天花大量时间与下属、上级进行沟通和协调,结果却不尽如人意,特别是刚从普通岗位提升到管理岗位时,会突然面对比以前复杂得多的人和事,如何处理协调得当,就显得非常重要了。而处理协调,都离不开领导知道"如何说"。

第四章 有效沟通：让团队建设畅通无阻

很多团队领导者在进行沟通时都会抱怨："我跟他说了那么久，他好像还是不明白我的意思。""工作布置下去了，我都在着急，员工们怎么一点儿也不急？每天不知道在干什么！""和他说话真的很累，他说了一大堆，都没有我想要的信息。"……

可以说所有的领导者，工作中大部分的时间都拿来和员工沟通了，如果不懂得沟通的方式方法，不但会降低工作效率，还会在团队内部带来负面影响。比如说，因为你没有和员工沟通到位，造成员工对工作的理解上出现误解，当员工没有达成你的要求时，你会责备这名员工，这名员工受了委屈，在接下来的工作里一定不会卖力，甚至对同事发牢骚抱怨。这些都是工作中常见的负能量，会影响到部门员工的精气神。

为了让自己的员工充分了解自己的想法，领导者需要用心去与员工沟通，掌握一些沟通技巧，把自己的意思明确地表示、传达出来。

所谓沟通是一个交换信息的过程，当围绕着一个中心进行交流时，如果双方掌握的信息反差太大，那么最后的沟通效果一定不理想。

有个秀才去买柴，他对卖柴的人说："荷薪者过来。"卖柴的人听不懂"荷薪者"（担柴的人）三个字，但他听懂了"过来"两个字，于是把柴担到秀才面前。

秀才问他："其价如何？"卖柴的人听不太懂这句话，但他听懂了"价"这个字，于是就告诉秀才价钱。秀才接着说："外实而内虚，烟多而焰少，请损之。"意思是：木柴的外表是干的，里面是湿的，燃烧时会浓烟多，火焰少，请减些价钱吧！这回卖柴的人完全听不懂秀才说什么，于是担着柴就走了。

从这个寓言可以看出，沟通对人与人之间的交往非常重要。秀才和卖柴人之间之所以会出现这样的误会，就是因为秀才表达方式不恰当，而卖柴人的理解能力也有问题，最终导致沟通失败。

优秀团队建设：创造每一个员工都想要归属其中的组织

一项研究表明：一个人成功的因素75%靠沟通，25%靠天才和能力。虽然沟通如此重要，但并不是每个人都能清楚地表达自己的想法。只有明确知道自己"说什么""如何说"，才能有效地与他人沟通，取得良好的沟通效果，达到沟通的目的。

作为领导者，当需要与别人沟通时，最好提前围绕该主题进行详细的了解，在沟通时提出一些一针见血的问题，既表达出自己对下属的尊重，也表示自己对该主题的深刻了解和深思熟虑。

刘主管是一位女强人，她掌管着公司的整个生产任务。随着公司业务的扩张，她每天的工作也排得满满的：不是和采购人员一起去与供应商谈供货，就是在生产线上与下属一起解决问题。

她每天都是忙忙碌碌的，用她的话说"好像每天都在赶场"。如果有员工想找她汇报事情，刚说了开头，她就马上打断："我明白你的意思了……"然后三下五除二地处理掉，就转身走了。且不说刘主管的管理方式有没有问题，她对待员工的沟通方式肯定是有问题的。

时间长了，部门里的员工越来越不愿意找她沟通，即便是不得不沟通，也是两句话就算了，不愿意深入。刘经理感觉自己越来越忙，她和员工之间的沟通少，授权更少，最后整个部门里只有她最忙，但是工作效率却日渐下降。

对于刘主管来说，她要学的管理技巧还有很多，但学会和员工沟通，通过沟通去培养员工、授权出去是最重要的，否则员工无法发挥主观能动性。而靠孤军奋战是不能提高部门业绩的。

领导者想要真正做到有效沟通，必须明确与沟通相关的"4W1H"原则：

WHO——与谁进行沟通；

WHERE——在哪里沟通，确定沟通的地点；

WHEN——什么时候进行沟通；

WHAT——沟通什么内容；

HOW——怎样进行沟通。

在沟通之前，首先要确定与谁沟通，比如说领导者要和一个员工沟通项目工作进度，领导者必须弄清楚负责这个项目的员工是哪一位，双方只有确定了沟通意向，方可进行沟通。确定沟通对象后，必须明确沟通的信息、主要内容，领导者要对该项目的大体背景有基本的了解，才能掌握员工的具体工作情况，清楚项目进度。

以上几个案例都是领导的表达方式出了问题，领导者在和员工沟通时，一定要注意以下几点。

(1) 讲话的语气尽量避免用升调

声调语气在交流中通常是在传达一种讽刺、轻蔑的情绪，也许领导者在说话时并没有这个意思，但是员工会从领导者说话的语气中接收到这样的信息，从而让自己的积极性受到打击。因此，领导者在沟通中一定注意自己说话的语气。

(2) 领导者要知道自己想说什么

大多数领导者在下达命令时表述不清，是因为他们不知道自己想要什么。不管是在正式场合，还是在非正式场合，领导者在发言之前不妨先问自己两个问题——接下来要干什么？我的目的是什么？

如果目的是要激励团队成员，不是个人需要，你可以先给自己列一个提纲，按照提纲来说能减轻自己的紧张感，让陈述井井有条。假如还是不知道自己该如何表达，那么此时"沉默是金"。

(3) 领导者传递的信息要准确

当领导者面临一个十分难抉择的问题时，很容易使用模棱两可的语气，比如"目前的情形有点复杂，我们还要再商榷"或者"这个问题还得看看大家的想法"。出现这种情况很正常，因为领导者做出每一个决定都是需要勇气的。

但是,这样模棱两可的语气会让团队一时失去方向,因此,在向团队成员传递信息时,领导者不妨先经过缜密的思考,然后通过确定的语气,充分地表达出自己的想法,用清晰的语气增强自己的果断感。

(4) 谨慎使用转折词

转折词,如"但是""然而"等,是一些具有反驳意义的词汇。如果领导者说的是正面的、积极的,那就不要在说话的内容后面接"但是"。比如"小陈,你这次的工作做得非常出色,上面决定嘉奖你,但是……",这样说,会让员工怀疑领导者说话的真诚度,明明是对员工激励,一下就变成了对员工的"思想教育"。因此,在与员工交流的过程中,尽量少用转折词。

领导者在做团队沟通时,不仅要知道"说什么",还得知道"怎么说",因此,领导者学习说话技巧就显得特别重要。

4. "保龄球效应":变不满为认可

在开始本小节的阅读之前,我们先来了解一下什么是"保龄球效应"。

有两个保龄球教练分别训练自己的学员。有一次,他们的学员都击倒了7只瓶。A教练对自己的学员说:"太棒了,打了7只!"他的学员听了教练的表扬信心倍增,心里想,下次一定再加把劲,争取把所有的球瓶都打倒。

B教练则对他的学员说:"怎么回事,怎么才打了7个!"学

第四章 有效沟通：让团队建设畅通无阻

员听了教练的指责，心里很委屈，心想，我打了 7 个瓶，你为什么不表扬我呢？结果，A 教练训练的学员成绩进步飞快，B 教练训练的学员成绩越来越差。这就是著名的保龄球效应。

从心理学的角度出发，团队激励有两种情况——正面激励和负面激励。正面激励是给员工以正能量，鼓励他们把事情做得更好；负面激励就是给员工传递各种负面的、消极的能量，这种能量会让人慢慢失去斗志，影响员工的工作效率。

从管理学的角度出发，正面激励会使多数人为成就事业而奋发努力。保龄球效应告诉我们，一个成功的领导者，对人的激励应以正面激励为主、负面激励为辅，关键是从实际出发，目的是激发活力、潜力，发挥人的创造精神，要尽量避免负面激励、负面效应。

约翰·洛克菲勒是美国著名的实业家和慈善家。1870 年他创立了标准石油（美孚石油），在全盛期他垄断了全美 90% 的石油市场，财富总值达 4000 亿美元以上，成为美国富豪。

说起这位传奇大亨，有一个小故事很值得我们思考。

贝特福特是洛克菲勒的助手，也是帮助他创建标准石油公司的伙伴之一。有一次，他因工作上的失误，使公司在南美的投资损失了 40%。面对如此巨大的损失，贝特福特内心十分愧疚，觉得对不起洛克菲勒对自己的重用，见了洛克菲勒他都不敢抬头说话，总是躲躲闪闪的。深知伙伴内心痛苦的洛克菲勒，不但没有责备他，反而还表扬了他，说他能为公司保住那 60% 的投资，已经很出色了。

贝特福特知道这是老板在安慰自己，他非常感激洛克菲勒的宽容和大度，并暗下决心，一定要把损失补回来。果然，在日后的工作中，他全身心地投入到公司的发展中，为公司立下了汗马

优秀团队建设：创造每一个员工都想要归属其中的组织

功劳。

　　试想，如果当初因贝特福特的失误，就对其责骂或开除，非但于事无补，反而还会失去一位得力的助手，于人于己都不利。正是因为洛克菲勒的宽容大度之举，才留住了一位难得的人才。

　　人无完人，所以当下属出现失误时，需要领导者给予正确的激励方式，否则只会适得其反。这就是"保龄球效应"的正面激励：赞美、信任和期待具有一种能量，它足以改变一个人的行为，特别是赞美、信任和期待的那个人是自己所信任和崇敬的对象。

　　你也许会觉得，"保龄球效应"不就是对员工多说好话吗，这有什么难的？假如你真的这么认为，那就大错特错了。赞赏和恭维是有区别的，一个是发自肺腑的，一个只是出于表面。

　　有这样一则笑话。

　　有一个老酒鬼，喝了大半辈子酒，唯一的遗憾就是没喝过不掺水的酒。有一天，他见到一个酒坊，门前挂一横匾，上面写着：百年老店，绝不掺水。酒鬼急忙进店，买了一大碗。略一品尝，便皱起眉头。

　　伙计一见，赶紧赔笑脸，伸手抓碗说："客官甭介意，我这就给您再掺上一点。"

　　酒鬼大怒："还掺什么劲？不掺就已经快没有酒味了。"

　　伙计笑道："客官您误会了，咱是老字号，酒里绝不掺水，只往水里掺酒……"酒里兑水本来就骗不了人，水里兑酒怎么会有人买账呢？

　　领导者要学会如何赞赏员工。真正的赞赏，就像是给员工喝一杯不兑水的醇香的酒，哪怕兑一点水都会让员工觉得不舒服。想要学会真心地赞赏员工，就要努力了解员工，发现他们的长处。特别是当员工遇到阻碍时，身为领导者更要善于发现员工的长处进行鼓励。

有一个乡镇企业为了拉动镇上的GDP，决定和外商合作，这是这家企业第一次和外商合作，可是效果并不好，最后亏损7万元。但是镇领导并没有责备企业领导，而是表扬了他们敢于拼搏的精神。在镇领导的鼓励下，第二笔生意持平，第三笔生意就开始盈利了。用对赞美方法，关键在于要把关注的重点放在员工的长处上，而不是只关注失败的地方。

其实，简单来说，"保龄球效应"就是让领导者把对员工的不满转化为认可，这种转变可以从以下三个方面进行。

（1）塑造积极的企业文化

正面激励是领导者经常使用的激励方法，我们可以把这种激励方法看作是团队文化，当团队文化延续的时间够长，就会成为企业文化。当然，领导者也可以把其他有效的激励方式融合到团队文化中。

当一个团队把正面激励当成企业文化不可或缺的一部分时，整个团队都会充满积极向上的工作氛围，就算有个别领导者由于方法不当，批评了员工，那么在企业文化这个大方向的指引下，也不会在员工中造成太大的影响。

（2）改变沟通方式

任何一种激励方法的最后实施，都是要靠领导者通过各种沟通方式，传达给被激励的员工的。一个合格的领导者要懂得用不同的沟通方法和切实的行动给予员工激励。

简单来说，"沟通方式"就是如何对员工说话。同样的一件事，有的领导者说出来，可以起到激励作用，有的领导者说出来，就像是在鸡蛋里挑骨头。比如：案例中所说的，"非常好！打到了7只。"与"怎么回事！怎么才打倒7只！"这两种说法就会给人不同的感受。

领导者要把激励的方式、内容写出来，不断地揣摩用哪种语气、哪种句式说出来，才能够达到最好的激励效果。如果激励本身足够好，但领导者不善表达，效果也就不一样了。

（3）实行正面激励

其实正面激励不只是通过语言，或者是金钱的刺激就可以达到效果的。领导者的管理方法，也决定着正面激励的实施是否有效。

作为领导者，只是通过口头表扬，这样的激励难免有些太苍白了，面对需要激励的员工，一般都有两种情况。

第一，工作干得很出色，鼓励他干得更出色。

第二，工作做得不够好，希望他能及时调整自己。

针对第二种情况，如果只是给予表扬和鼓励，不实际地解决员工工作中的困难是不行的，领导者需要深入地了解员工，帮助遇到困难的员工走出困境，这才是对员工最好的正面激励。

希望得到他人的认可、赞美，是每一个人的正常心理需求。但是当面对责备时，下意识地为自己辩护，也是正常的心理防卫反应。一个合格的领导者，会尽可能地满足员工的这种心理需求，鼓励员工发挥创造力，解决自己面临的困难。相反，专爱挑刺，靠发威震慑下属的领导者，也许真的能够击败他的部下，不过到最后可能就成了光杆司令了。

身为一个团队的领导者，一定要相信自己的员工，他们有长处、有优点，只要我们肯定他们的优势，多多表扬他们，就一定会有意想不到的收获。

5. 团队切勿伤和气，处理冲突有技巧

争执和冲突在团队管理中非常常见，可以说，只要是有人的地方，就有冲突。虽然团队是为了相同的目标而在一起的一群人，但团队成员之间出现冲突也是无法避免的问题。及时有效地解决团队冲突，是身为管理者一定要掌握的技能。

我们不妨来做一个思考题，测试一下自己处理冲突的能力。

当你进入办公室刚坐下时，一位下属阿林敲门进来，要求与你私下聊一聊。显然有什么事情在烦扰着阿林。因此，阿林刚刚坐下，就滔滔不绝地谈他与同事晓飞之间的冲突。

根据阿林的说法，晓飞欺人太甚了。晓飞不惜踩着别人向上爬。特别是，晓飞为了使他难堪，故意拦截住一些重要的信息，而他正需要这些信息来充实报告。晓飞甚至霸占别人的劳动成果。

阿林坚持认为：你必须对晓飞的态度采取行动，而且必须尽快行动——否则的话，他警告说，部门将会有好戏看。这样，你就不得不处理你必然要遇到的微妙局面：两位雇员之间的冲突。解决下属之间的冲突可能比解决任何难题都需要更多的技巧和艺术。在冲突大规模升级之前，你该做些什么才能解决员工之间的冲突呢？

作为领导者，你必须意识到，冲突不会自行消失，如果你置之不理，下属之间的冲突只会逐步升级。作为经理，你有责任在你的部门里恢复和谐的气氛。有时你必须穿上裁判服，吹响哨子，及时地担任起现场裁判。

下面四点是在处理冲突的过程中，领导者必须要注意的。

首先，领导者要搞明白自己的目的是要解决问题，而不是责备员工。就算自己的批评是正确的，也会使对方心存戒备，不肯妥协。

其次，切忌用解雇、开除来威胁员工。

再次，要区别事实与假设。领导者要把所有的感情因素放到一边，集中精力对矛盾冲突进行调查，找寻冲突的根源，这是成功解决冲突的关键。

最后，要坚持客观的态度。不要冲动地决定哪一方是错误的，要耐心听取双方的意见。你可以单独会见一个人，也可以把两个人同时叫到一起，但是，不管用什么样的方式，你都应该让他们知道，矛盾一定会得到解决。

做完以上的思考题，你是否觉得，处理团队冲突也是管理艺术之一？

根据冲突产生的原因，分为工作和人际关系两方面。这两种冲突在满足了一定的条件后可能会发生转化。工作上的冲突对于一个团队来说有时反而是有益的，因为它主要是为了如何把团队的工作做好，这种冲突是很正常的；但是，假如因为工作冲突跟别人起了争执，吵得不可开交，这就会打破在一个团队中好不容易维持起来的人际关系的平衡，这时工作上的冲突就会转化成人际方面的冲突，进而为团队带来消极影响。

解决冲突的方法，因人而异，但是总结下来，有以下三大策略。

(1) 迁就

迁就是指冲突的其中一方做出自我牺牲，以团队的利益为重，尊重对方的观点，以维持团队成员之间的合作和人际关系。在迁就中往往就会有人放弃个人的利益和目标。从一个团队的长远发展来说，采取迁就策略是非常有效的。

比方说，当领导者的观点与别人的观点有出入，但是领导者自己的观点是错误的时候，就应该果断放弃自己的观点，而不是执迷不悟钻牛角尖；当团队成员犯错误时，只要不是原则性的大错误，团队领导者就应该适当地妥协，给团队成员一个改正的机会。当团队在发展过程中遇到挑战的时候，保证团队和谐比一争高下更为重要，团队内部和睦的氛围比团队取得的结果更重要，这就需要每一个团队成员之间相互宽容和迁就。

迁就别人自然会受到别人的欢迎，但如果一味地妥协迁就，就会让别人觉得你这个人好欺负。因此要合理使用迁就策略，学会用迁就策略营造团队的和谐气氛，缓和冲突，对于一些极不合理的观点一定要及时扼杀，以免在未来制造更多的冲突。

（2）回避

回避是指冲突的一方意识到产生了冲突，但为了维护自身的利益放弃冲突，不采取任何行动，一直逃避冲突的行为。回避策略讲究不坚持，不合作，对自己和对方都没有看法，任由事态自己发展，在特殊条件下，采取回避策略不失为一种非常明智的办法。

当冲突事件不那么重要或者冲突问题严重到根本就没有合适的办法解决时，听之任之也是一种解决办法。当和对方发生冲突时，两个人的情绪都很激动，处理问题的条件又很不完备，这时不妨采取回避策略，给对方一定时间冷静下来，或者争取条件以解决冲突。当其他人对于这一问题的解决比自己更有效时，采取回避策略，让更合适的人来解决也是一种很好的应对策略。

当坚持解决冲突可能会破坏关系，甚至导致问题会更严重的话，不妨回避一下。不过，采用回避策略，只是稳定了局面，没有让矛盾激化，但是问题并没有得到有效的解决。所以作为团队领导者来说，使用回避策略仅仅是第一步，领导者要在这回避的过程中发现问题的根源，更好地解决问题，维持一个团队永久的平衡与和谐。

（3）合作

合作是指在平等的基础上，主动与对方开诚布公地交流，找寻最佳的解决方案，最大化地扩大双方的利益。合作策略认为双方的需求都是合理和重要的，无论哪一方都不应该放弃自己的利益和目标，合作双方相互支持相互尊重，因而合作策略广受欢迎。这种策略适宜的情形有：

当双方利益都很重要不能折中，需要双赢的解决方案时；当需要平衡多方利益，变换角度解决问题时；当在满足对方利益的同时尽可能地为自己和团队争取最大利益的时候。

尽管"双赢"是一种受到广泛欢迎的解决冲突的方法，但不可否认的是，任何方法都有利有弊，所以说要实现"双赢"，其缺点就不可避免，首先采取合作策略是一个漫长的过程，合作双方要经过长时间的谈判才能达成协议。当然"双赢"也并不适合所有的问题，比如在解决思想冲突上的问题时，往往是一方说服另一方，在这种情况下，竞争策略就更为合适一些。

这里需要说明的是，以上解决团队冲突的办法虽然以实现团队目标为前提，但它的最终目的却不是解决冲突根源。这些方法常常具有临时性，很多时候是"治标不治本"。因此，作为团队的领导者，在解决团队冲突之后，还应该深入细致地研究导致这种冲突的深层次的团队管理问题，只有这样才能采取一系列的解决方案，消除潜在祸患，促进团队持续发展。

6. 尊重差异，创造团队整体的和谐

对于一个团队而言，其成员都有自己的优缺点，差异性很明显。他们可以充分展现自己的个性，发挥各自能力，为团队创造业绩。他们的长处与其他成员的进行优势互补，才能迸发出团队最大的威力，创造惊人的业绩。所以一个明智的团队领导者应该允许组织内存在各种差异，更要正确

引导怀有能力、明显异于普通员工的人，以有效地组织或协调内部的各种差异，进而达到群体优势互补、促进整体事业发展的目标。

美国西南航空公司的赫伯·凯勒尔就是一个别具一格的人，但正是他的"离谱"作风，让公司的发展迎来了一个又一个辉煌。

20世纪90年代，美国各大航空公司经营都不景气，三大航空公司——环球航空公司、大陆航空公司和美国西部航空公司都在破产条款下运作，其他航空公司也准备加入它们的行列，德尔塔航空公司、美国航空公司和联合航空公司已经出现大量亏损。

在这样不利的环境下，西南航空公司的业绩却青云直上，其年销售额增长率高达25%，并且一直保持盈利。当其他航空公司挣扎在破产线上时，它却大张旗鼓地推行自己的增长计划，购买更多的飞机，开辟新航线，招聘新人员。西南航空公司赢得了15次美国运输部颁发的"三重皇冠"奖——最佳正点率、最佳飞行安全纪录和最少投诉次数。在美国，这是独一无二的。

这一切都得益于公司首席执行官赫伯·凯勒尔的经营策略。他通过低价、紧缩性的管理方式，采取一系列独具一格的手段，找到了一个具有战略意义的机遇之窗。

起初，他在公司的商业电视广告中露面，宣传自己的经营策略，这引起了竞争对手的指责，称乘客会因为乘坐简陋飞机而感到窘迫。于是，凯勒尔又头顶一个皮包出现在电视广告中，他承诺向所有为乘坐西南航空公司班机而感到窘迫的人提供这个包，并保证它可以用来装"所有因为乘坐我们的飞机而省下来的钱"。

此外，他还将一架波音737客机装扮成杀人鲸的样子，以庆贺圣安东尼奥海底世界的开业。在一次圣诞节的航行中，他让机上服务人员扮成驯鹿和妖精的模样，同时让飞行员一边通过扩音器唱圣诞颂歌，一边驾驶飞机轻轻晃动着向前飞。

优秀团队建设： 创造每一个员工都想要归属其中的组织

"凯勒尔是一个真正的疯子！"一家航空公司的市场部经理托马斯·卜沃尔兹这样说道，"但是谁又能对他的成功说些什么呢？"

凯勒尔力图使西南航空公司成为一个愉快的工作场所，他经常和员工无拘无束地闲谈，员工称呼他为"赫伯大叔"；他还经常参加公司总部的周末晚会，鼓励乘务人员扮演滑稽小丑，玩一些像击鼓传令这样的小游戏；他自己也经常穿着小丑套装扮演各种角色。

更有意思的是，他对那些皮鞋上有最大洞的乘客给予奖励。可想而知，他的这项奖励会在万里蓝天上产生怎样的效果！

俗话说："人上一百，种种色色"。世界上从来就没有相同的个体，每一个人都是独特的，每一个人与其他人有差异，尊重这些差异，并利用好这些差异，无疑会使团队更强大。所以如果团队中存在带有"特异功能"的成员，也不必去刻意改变他们。首先要尊重他们，然后慢慢引导，使他们这种"特异功能"充分发挥。

现代社会，人力资源提倡的是协调发展、选贤任能、适才适能、扬长避短、互相扶持。唯有这样，不同专业、不同个性、不同能力的组合才可以互补增值，把团队的能力发挥到极致，获得利益最大化。因而一个优秀的团队领导者，一定是一个懂得尊重不同文化、包容各种观念、倡导平等沟通、发挥团队精神的人。

有一位部门主管，他手下有三个工作小组，三个组长的性格各不相同：A组的组长性格忠诚，讲究"服从是员工第一天职"；B组组长是实干派，事必躬亲，小组里的工作做得很细致；C组的组长很有个性，喜欢标新立异，经常和自己唱反调，但是业务能力很强。

一天，老板命令他们部门拿下一个客户，为公司下一步发展

第四章 有效沟通：让团队建设畅通无阻

做好准备。主管深知下属三个组长的个性，分配工作时便使用了一些小策略。

主管叫来A组长，命令他说："完成整个项目的时候，你主要配合C组，完善项目计划。让客户无法挑剔。"

主管又叫来B组长，命令他说："老板已经把任务交给我们了，这次的客户很重要，你们组做好后勤工作，时刻做好准备，随时配合其他两组的工作。"

主管最后叫来C组长，对他说："关于老板给我们组布置的这个任务，我私下认为我们的能力还有所欠缺，时机还不成熟，贸然进攻的话，怕客户会反感，我打算跟老板说一下，把这个项目缓一缓。"

"不要啊，主管，我觉得我们应该马上行动！"C组长迫不及待地回答，"我听说××公司也在争取这个客户，我们可不能让煮熟的鸭子飞了啊！"

一切正如主管所料。主管随后用肯定的口吻说道："我觉得你说得对，看来我们应该立即行动。"

"太棒了！"C组长兴奋地说，"让我们组打头阵吧，我们一定会让您成功拿下这个客户，您就等着我们的好消息吧！"

"好的，那下周和客户的第一次谈判，就由你们组来负责吧。"主管命令道。

最后，三个小组协同作战，一举拿下了大客户，为公司立下汗马功劳。

这位主管的领导能力非常高超，他对员工的成功管理来自于对员工不同性格的把握。他尊重员工的性格差异，用不同的方式发布相同的任务，认可下属的个性，又充分发挥了他们的潜力，最终起到了正面激励的效果。

优秀团队建设：创造每一个员工都想要归属其中的组织

一双手伸出来，十个手指不一样齐，团队也是一样，每个人都有自己独特的个性。身为领导者不能眉毛胡子一把抓，一概而论，而是要根据每个员工的性格特点和工作能力具体对待。这种做法能够迅速增加团队的战斗力。

优秀的领导者不仅仅是维持团队正常秩序的人，也是一个挖掘员工潜力的高手。每个员工都希望自己的价值最大化，这就要求领导者为员工创造一个发挥的舞台，有了这个舞台，员工才能尽情展示自己的优势，齐心协力推动团队进步，让团队变得无比强大。

管理者想要团结员工，并不需要发挥自己的力量创造多么优厚的工作条件，只需要让他们拥有独立的空间，让他们能够尽情地发挥自己的能力，就能取得双赢的效果。

领导者有效的管理手段之一是对不同类型的员工采取不同的方式，因为团体中的所有成员都有性格的差异。作为领导，更要深刻地体会到这种差异性。

下面是员工的几种普遍类型，以便领导者了解与把握。

(1) 冲动型

这种类型的员工非常有活力，能够坚持自己的立场，不随大流。他们重视领导、同事及邻里关系。做事一般都有始有终，一旦开始做就一定会坚持到最后。但是，这类员工一般自尊心非常强，看不惯自己的朋友或自己信赖的人遭受责罚，因此情绪会很大程度上影响他们的工作。

与这种类型的员工沟通的时候，须对他们的冲动情绪给予适当的理解，引导他们时要注意分寸，否则会让他们的火气更大。假如员工是因为自己和其他人的意见相左而产生了冲突，就要对双方进行劝说，让他们尽快从激动的情绪中冷静下来。另外，对这种类型的员工，领导者必须要言出必行，这样才能让他们对领导者由衷地钦佩，从而更加积极地投入到工作当中去，提升他们对领导者的信任度。

（2）低落软弱型

这种类型的员工情绪不高、性格内向、不善于和大家交流，容易使大家觉得郁闷。如果他们感觉工作做得不错，便认为此后情况也会很好。他们也会因一点芝麻大的小事而生气，一旦心情不好，做什么事情都无精打采的。

与这种类型的员工沟通，如果话题是他很了解或者每天都接触的，则多半会让他产生厌恶情绪。比如，他从事与服装设计有关的工作，如果提起服装之类的话题，他就会觉得很不高兴。

这类员工往往有种想要逃离工作的潜意识。如果和他谈与工作完全无关的事，像电影或运动等，聊天的氛围就可以逐渐热络起来。因为这在很大程度上能让他们获得一种满足感。他们在工作上不顺心或受了别人的气，在这里也能找到一种安慰。

但是，这种类型的员工，做事可能模棱两可，给人拖延的感觉。并不是他们不努力，出现这种行为是由他们的性格决定的，所以与这种类型的员工沟通，重要的是多给他们一些信心，这样他们就会努力工作，尽量让自己在最短的时间内完成任务。

（3）"老好人"型

这种类型的员工具有喜新厌旧的特征，很容易情绪化，他们向往完美的东西。注意力很集中，但是维持的时间不长，他们往往因为过于追求完美而难以下定决心。他们缺乏果断，在发表自己观点和见解时绝不会去得罪人，属于见风使舵、墙头草似的人物。

这类员工在感情上，对刺激的、新鲜的东西特别感兴趣。同时，做事时容易手忙脚乱。他们不喜欢讨论和自己有关的事情，如果是兴趣或工作之外的话题，他们就比较乐于谈论。

他们的表现欲望非常强烈。甚至不惜用说谎来获得大家的关注，在欲望的驱使下，他们经常周旋在两个对立的人之间，不管面对哪一方，都不会说出自己的真实想法，而是极力维护其中一方的利益而发表言论，以此来博得别人的好感。

与这种类型的员工沟通时，重要的是要激发他们对工作的热情，让他们表现出对工作的积极性，说出自己的真实想法，而不是迁就他们的欲望。

(4) 机智型

这种类型的员工很会控制自己的情绪，遇事需要经过思考之后才有所反应，警惕心非常强，有很敏锐的观察力。一般不说与工作无关且无用的话，一开口便询问来访者的目的。

他们对一个问题的答案不是肯定就是否定，如果他们认为对自己有利，就会接受别人的条件，要是认为没有什么好处，就不加思考地拒绝。他们的执行力很强，想到什么事情会马上去做，要是没有达到预期的结果，他们会总结失败的原因。

他们的反应很快，一旦预计的事情有所变化，就会很快从其他方面找出补救措施，然后再寻找新的方案，在充满变化的职场里，这种类型的员工不容小觑，因为他们可能在关键时刻，用自己机智的想法扭转乾坤。即使在平时的工作中，他们的机智也无处不在。

因此，与这种类型的员工沟通时，重要的是让他们有技可施，为他们提供表现的舞台，适当地表扬和提拔他们。

(5) 形式主义型

这种类型的员工很像是契诃夫笔下装在套子里的人，不轻易把真实的自己展示给大家看。处理事情的方式也很形式化，对于那些和工作毫无关系的事情漠不关心，把工作与生活区分得很清楚。

他们对事情的反应常会表现出很高的热情，喜欢说自己感到高兴的事情。因为他们不喜欢表现真实的自己，因此常常拿一些表面的成绩让别人评价。他们能体会别人的心情或感情，以此来决定自己的行为，赢得别人的好感。如果他们觉得没有必要，那么绝不会浪费自己的时间与精力。

尽管他们这种行为让人觉得虚伪，在其他员工眼里，这并不是真实的他们。但是他们却常常能赢得领导者的赞美，因为他们反应很快，会根据领导者的心理搞形式主义。

因此与这种类型的员工交往，重要的是要在明察秋毫的同时，要求他们实事求是，让他们用成果和事实说话。

当然，员工的类型并不止这些，作为一个领导者，如果能够从宏观上把握住员工的这几种类型，也就基本把握住了与员工交往的重中之重。与员工相处时，也就可以正确地运用领导艺术了。

管理团队，提高团队协作力不是一蹴而就的，而是需要领导者尊重团队员工之间的差异，合理领导团队，提升自己的个人魅力，让员工们信服，共同形成团队合力。

在实际的管理中，领导者追求高的工作效率，领导者的秩序维护和角色分工也都是为了实现这个目的。面对那些有个性的员工，领导者要认真对待，既不能太过否定，打击员工的积极性，也不能太过肯定，破坏原有的正常秩序。领导者要在二者之间找到一个平衡点，这样才能体现一个优秀领导者的管理艺术。

第五章

互相协作：提升团队战斗力

对于一个团队来说，没有完美的领导，只有完美的协作，然而，团队成员之间积极配合的基础是相互信任。在工作的过程中，我们还要学会和他们共享资源，学会向他们寻求帮助，和大家分享成功的喜悦。团队不需要个人英雄主义，只有提高了团队的协作能力，才能提升整个团队的战斗力。

1. 没有完美的领导,只有完美的协作

20世纪60~70年代,日本经济开始腾飞,其迅速跻身为世界经济大国。客观上来说,日本国土狭小,物质也不丰富,因此在短短的二三十年间一跃成为世界第二大经济强国,确实让人觉得不可思议。

针对这个问题,有不少西方国家对日本的经济奇迹进行了深入的研究和思考,最后得出的结论是:日本企业竞争力非常强大,不是他们的员工个人能力非同一般,而在于他们的员工懂得团队的力量,其中最关键的就是那种无处不在的团队协作精神。

万科集团的前董事长王石说:"我的灵感来自团队。也许我给外界的错觉是因为我个人的能量非常大而成就了万科的今天。其实不是这样。我对万科的价值是选择了一个行业,树立了一个品牌,培养了一个团队,后者的价值最大。"他说的非常正确,团队的协作是企业最大的资本。正是因为汇聚了一大批优秀的员工、拥有热情的团队,所以才促使万科不断前进,获得了巨大的成功。

有一家企业招聘员工,吸引了不少人前去应聘。应聘者都是清一色的高材生,专业能力十分突出,是同龄人中的佼佼者。

面试官知道,这些应聘者专业能力很突出,书本上的知识是难不倒他们的,于是,公司人事部就策划了一个别开生面的面试。

面试开始了,面试官让前六名应聘者一起进来,然后发了30元钱,让他们去公司旁边的快餐店吃顿饭。并且要求,每个人都

第五章 互相协作：提升团队战斗力

必须吃到饭，不能有人挨饿。

六个人从公司里出来，来到指定的快餐店。他们上前询问价格，服务员告诉他们，虽然这儿米饭、面条的价格不高，但是每份最低也得6元。他们一合计，照这样的价格，六个人一共需要36元，可是现在手里只有30元，没办法让每个人都吃到。于是，他们垂头丧气地出了快餐店。

回到公司，面试官问明情况后摇了摇头，说："真的对不起，你们虽然专业技能很强，但是都不适合在我们公司工作。"

其中一人不服气地问道："30元钱怎么能保证六个人全都吃上饭？"

面试官笑了笑说："我已经去过那家餐厅了，这家餐厅有个优惠活动，如果五人或五人以上在餐厅就餐，餐厅就会免费加送一份餐点。而你们是六个人，如果一起去吃的话，可以点五份，然后餐厅加送一份，怎么会不够呢？可是你们每个人只想到自己必须吃到一份饭，从没有想到大家是一个团队，需要协作。这只能说明一个问题，你们都是以自我为中心、没有一点团队协作精神的人。而缺少协作精神的公司，又有什么发展前途呢？"

听闻此话，六名大学生顿时哑口无言。

• • • •

在一个团队中，让每个人发挥自己的潜力并不难，困难的是，让大家齐心协力，把所有的力量汇集到一起。

我们常常看到这样的景象，有的企业在成立初期由于能力有限，只能做市场的追随者，领导者都把注意力放在开辟市场上。当企业越来越壮大，处于市场领导者的地位时，领导者就把注意力转向企业文化建设了。因为他明白，光凭一己之力是没办法获得长久发展的，只有团结一切可以团结的力量，提升员工的凝聚力，才能让企业的竞争力越来越强大。

联想集团的"项链理论"也是对团队精神很好的解答，柳传志认为在

优秀团队建设： 创造每一个员工都想要归属其中的组织

现在的大环境下，企业之间的竞争就是人才的竞争。

对团队而言，一个个人才就像一颗颗晶莹圆润的珍珠，团队不但要把最大、最好的珍珠买回来，而且要有自己的"一条线"，能够把这一颗颗零散的珍珠穿起来，串成一条精美的项链。如果没有这条线，珍珠再大、再多，也不过是一盘散沙。

那么，这条线是什么呢？这条能把众多珍珠凝聚在一起，步调一致，为了共同目标而努力的线就是团队协作。因此，团队协作在团队发展中具有重大的意义。

首先，团队协作有利于激发团队成员的学习动力，提高团队的整体能力。团队成员内部竞争，有一定程度上的激发作用，这来源于团队成员之间的心理欲望，但是要控制好这种欲望，避免团队成员之间的个人英雄主义而影响团队的整体战斗能力。

其次，通过团队协作，可以营造一种工作氛围，使每个队员都有一种归属感，有助于提高团队成员的积极性和效率。由于团队具有目标一致性，从而产生了一种整体的归属感。正是这种归属感，使得每个成员感到在为团队努力的同时也是在为自己实现目标。以此同时，也有其他成员在一起为这个目标而努力，从而激起更强的工作动机，所以对于目标贡献的积极性也就油然而生，使得工作效率比个人单独时要高。

综上所述，在企业的发展过程中，没有完美的领导，只有完美的协作。因此，领导者在带团队的过程中一定要时刻注意提高团队的协作能力，从以下几点出发。

(1) 懂得承担责任

承担责任看似简单，但实施起来非常困难。当团队成员出现损害团队的行为时，让领导学会如何批评自己的伙伴是一件很难做到的事情。但是，如果有明确的团队目标，当目标遇到阻碍时，问题就很好解决了。团队协作并非是非常晦涩的概念，如果领导没有勇气要求团队成员去承担团队协作所要承担的责任，还不如彻底放弃这个理念。

(2) 建立团队信任

要建设一个具有团队精神并且效率高的团队,第一步并且是最重要的一步,就是建立团队信任。这不只是朋友间普通的信任,而是坚实的以人性脆弱为基础的信任。

这代表着什么呢?这代表着一个有团队精神的、高协作力的团队成员必须学会如何快速地承认自己的错误。他们还要乐于认可别人的优点,哪怕这些优点超过了自己。

(3) 坚定不移地行动

想要提高团队的协作力,领导者就必须在信息不完善,意见不统一时,当机立断作出决定。决策力是成就一个领导者最关键的能力。

管理大师彼得·德鲁克说:"一个人靠一种精神力量生存和发展,因他的理念决定他的生存状态。一家企业也是如此,无数人的个人精神,融会成一种共同的团队精神,这是一家企业兴旺的开始。"

如今这个时代是竞争的时代、团队为赢的时代,因此企业的发展对团队协作的要求越来越高。一个人的能力毕竟是有限的,如果每个团队成员只知道发挥自己的力量,是无法促进团队的进步的。领导者必须要增强每个员工的团队合作意识,才能让团队发挥出最大的能量。也只有这样,才能协同合作,带领团队勇往直前。

2. 信任员工是协作的基础

"罗森塔尔效应"是心理学上一个著名的概念,这个概念也叫作"期待效应",就是说在人与人交往的过程中,假如一方给予对方较高的期待

优秀团队建设：创造每一个员工都想要归属其中的组织

或者充沛的感情，那么对方将会因此产生一种深刻而微妙的变化，并且事情也会按照自己想象的方向发展。而引发期待效应最佳触动条件的就是信任。

在领导团队的过程中，信任是对员工最好的激励，信任能够充分发挥员工的工作潜能，同时，信任力也是领导者一种必不可少的能力，一旦缺乏这种能力将会给管理工作带来很多负面效应。

在沃尔玛，每一个经理人都用上了镌有"我们信任我们的员工"字样的纽扣。在该公司，员工包括最基层的店员都被称为合伙人，同事之间因信任而进入志同道合的合作境界。最好的企业发展策略和建设性意见来自这些合伙人，而把每个创意推向成功的，也是这些受到信任的合伙人。这正是沃尔玛从一家小公司一举发展成为美国最大的零售连锁集团的秘诀之一。

著名的松下集团，从来不对员工保守商业秘密，他们招收新员工的第一天，就对员工进行毫无保留的技术培训。有人担心这样可能会泄露商业秘密，松下幸之助却说，如果为了保守商业秘密而对员工进行技术封锁，导致员工生产过程中不得要领，必然带来更多的残次品，加大企业的生产成本，这样的负面影响比泄露商业秘密带来的损失更大。而对于以脑力劳动为主要方式的未来企业，如软件业，其生产根本无法像物质生产那样被控制起来，信任也是唯一的选择。

两个例子都启示我们，要做好团队管理，促进企业发展，必须把相互信任作为企业最好的投资。信任是未来企业管理文化的核心，代表了先进企业的发展方向。

相反，如果对员工不信任，就会产生管理中最大的成本。怀疑和不信任是公司真正的成本之源，它们虽然不是生产成本，却会直接影响生产成本；它们虽然不是管理成本，却会因内讧而使管理成本增加。

我们可以反观一些失败的案例，这些企业在创业之初都能够很好地推行信任管理，这主要是由于创业之初人手少、条件差，老板和员工以兄弟姐妹般的感情团结在一起，共同创业。而当企业发展到一定规模后，利益分配差距越来越大，老板对下属包括当初一同打天下的下属也开始提防起来。有的把重要岗位换成自己的亲属；有的一份区域客户名单要分割成多个部分，交给多人掌握；有的在生产区层层设岗，并安装了自动搜检仪器，防止员工夹带。随着信任的不断流失，怀疑的空气遍布公司上下，久而久之，公司对员工的管理变成了"防卫式管理"，疏远了人心。最后，企业也就开始走上了下坡路。

由此可见，给予员工充分的信任甚至比业绩排名、末位淘汰、奖罚制度等方法更能刺激员工的小宇宙。领导者千万不要害怕员工"给点阳光就灿烂"，经常给予他们信任和表扬，他们也将会带着全部的激情和信心，认真地投入到工作当中去。

假如这个心理学概念还不能让你明白信任对团队管理的意义的话，我们不妨再来看看下面这个案例。

享有"汽车王国"美誉的美国福特汽车公司以生产优质而廉价的轿车声名卓著，然而，它的发展之路也经历过很多大起大落，它的兴衰与起落也恰恰让我们看到了信任的重要性。

福特汽车公司的开创者亨利·福特并不是一个善于信任下属的人，他总是喜欢独断专行，将管理大权都揽在自己身上，从不肯放心地将事情交给别人去做。1898年，他先是集资创办了底特律汽车公司，最后以失败告终；1901年，他又创办了另一家汽车公司，依然没有成功。这两次失败的创业经历都与他的独断专行有关，合伙人也因为他的缺乏信任而纷纷拆伙了，最终公司也走向了末路。

让人庆幸的是，这两次失败的教训终于引起了亨利·福特的思考。1903年，他再次重整旗鼓，任命有名的汽车专家詹姆斯·库兹恩斯为总经理，创办了福特汽车公司。这一次，由于亨利·

优秀团队建设：创造每一个员工都想要归属其中的组织

福特的信任和放权，詹姆斯·库兹恩斯一开始就大展拳脚。特别是1906—1908年两年间，两款物美价廉的福特牌汽车——"N"型和"T"型汽车先后上市，一经推出便大受欢迎，也为亨利·福特赢得了"汽车大王"的美誉。

亨利·福特还委任阿尔巴顿·康负责他的别克汽车新工厂的设计。正是这种充分信任下属的心态和做法，为福特汽车公司开创了第一次欣欣向荣的局面。但是好景不长，老亨利·福特又被这辉煌的战果蒙蔽了，他把从前的惨痛教训抛到了脑后，又开始计划独掌公司大权。1915年，在福特公司的辉煌顶峰，老亨利·福特毫无征兆地把大功臣詹姆斯·库兹恩斯开除出了公司，又开始在公司实行"独裁政策"。

这时候，他根本不想听任何人的意见，一时间让整个公司陷入了危机之中。随后，公司的经营状况一年不如一年。1945年，福特公司每个月的亏损已经高达900万美元，几乎走到了申请破产的边缘。

在公司走投无路的时候，福特二世临危受命，掌管了福特汽车公司。他一接手，便进行了一次大刀阔斧的改革，又把通用汽车公司原来的副总裁欧内斯特·蒲里奇请了回来，让他执掌公司经营大权。1946年，在欧内斯特·蒲里奇走马上任的第一年，福特汽车就实现了扭亏为盈，第二年公司净盈利6636.7万美元，之后每年的利润也在节节攀升。

权力大概是全世界最有诱惑力的事物了，福特二世在这辉煌之中也燃起了对公司大权的渴望。他慢慢变得像当年的祖父一样骄傲自满、独断专行，对欧内斯特·蒲里奇也逐渐失去了信任，最后迫使他辞职引退，福特二世自此开始了独裁之路。他从不听取别人的意见，作任何决定也从不与董事会商量，成了福特公司第二位独裁者。

第五章 互相协作:提升团队战斗力

福特二世的做法导致公司内部人才大量出走,公司的市场份额也出现危机,1980年到1982年仅3年时间,公司亏损达到30亿美元。

后来,福特二世不得不接受经营失败的事实,终于作出了那个艰难的决定——交出执掌30多年的经营大权。之后,福特汽车公司在新任领导者菲利普·卡德威尔的带领下,慢慢又走上了崛起之路。

福特公司的大起大落让我们明白了一个道理:不相信员工,就会导致独裁专政的局面,而这就是很多公司最终走向衰落的致命原因之一。

领导者要想留住人才、鼓励员工散发工作热情,提高团队协作力,就应该学会信任自己的员工。什么是信任呢?就是关心和尊重。员工在感受到领导者的信任之后,才会真心付出,将团队的工作当作自己的事业来做,才能在团队中找到认同感和归属感,然后热情饱满地投入工作中去。

在管理学中,有这样一个著名的理论——人性假设论。这个理论的主要内容是什么呢?就是领导者的管理方式实际上也体现了他的潜意识对员工的假设。一个领导者如果运用的是对员工充满信任的管理方式,就证明他觉得自己的员工是值得信任的;反之,如果他运用的是缺乏信任的管理方式,就证明他根本不信任自己的员工。

但是,不管哪一种管理方式,员工其实都能从潜意识里感受到领导者是否对自己信任,进而感知到领导者对自己的人性假设。这样一来,员工一旦感觉到领导者对自己的人性假设是失败的、不堪的,就会觉得受到了人格侮辱,觉得领导者不尊重自己,这种负面的情绪会给员工的工作热情、对领导者的信任度以及对公司的忠诚度造成巨大的打击。

我们常常会听到这样一个成语——将心比心,信任应该是一种双向的情感关系。作为一个领导者,若想获得员工的信任和认可,就要推己及人，先学会信任员工，这样才能激起员工的工作积极性，培养和谐的工作关系。

为什么很多优秀的管理制度和管理方式我们很难学到手，即使把很多现有的模式拿过来，执行起来也漏洞百出，觉得很不实用呢？实际上，那些实践成功的优秀管理制度和管理方式，都是在诚信和相信的文化基础上制定出来的。没有彼此信任，哪来良好的协作呢？

3. 懂得分享，不独占团队成果

团队就像是一盆开得娇艳欲滴的花朵，不光要在发芽时细心呵护，还要在花朵绽放时精心培养和巩固。团队想要像花一样不断绽放，就要学会同他人分享团队的成功。

著名的篮球明星迈克尔·乔丹在结束自己的篮球生涯时说了这样一句话："在别人的眼里，我站在篮球金字塔的顶端，每当我听到别人这样说的时候，我都觉得很惶恐。我之所以能有今天的成绩，都是我的队友和教练一起创造的，还有赞助商的支持以及球迷的鼓励。荣誉属于大家，我只是一个代表，每一次帮大家领取荣誉的奖杯。"

迈克尔·乔丹对待每一场球赛的态度都非常认真，他团结每一位队友，尽所有能力为球队获得荣誉。赢得比赛之后，他一定会和队友拥抱、欢呼，分享胜利的喜悦。正是由于乔丹这种无私分享的精神，让每一位队友甘愿当他的陪衬，为公牛队赢得一次又一次荣誉！

懂得分享，才能让团队中的每个人都体会到成功的甜蜜。在一个团队中，每一次的成功都是所有成员共同努力的成果。光靠一个人是绝对做不出任何成绩的。

有一家公司的销售部为了提升员工的工作积极性,把员工分为A、B两组。有一天,B组的组长小刘联系了一位大客户,但是这位客户很难应付,光凭小刘一个人的力量肯定是拿不下来的,于是小刘把这个消息告诉了自己组里的同事,同事们团结起来,互相协作,最后终于把这个难缠的客户搞定了。

签单成功的小刘忘记自己之所以能够获得表彰完全是大家一起努力的结果。他独自一人沾沾自喜,丝毫不理会同组同事的感受。同事们感到非常气愤,于是拒绝再向小刘提供帮助。当后期小刘继续和客户对接时,工作处理得乱七八糟,客户也很气愤,一气之下取消了和小刘公司的合作。

企业中常常会出现这样的情况,在企业发展遇到瓶颈的时候,员工们会团结一心,共同和企业渡过难关,可是当企业转危为安,原本团结的局面就会出现微妙的变化。这种可以有难同当,却不能有福同享的怪现象,让每个企业的领导者都很头疼,这到底是为什么呢?

很多人觉得,这是因为企业员工素质低下、嫉妒心太强。实际上并不是这样。真正的原因,是因为企业中有太多霸占别人成果,不愿和他人分享,像例子中的"小刘"那样的员工存在。

真正称职的领导者,当受到老板的表彰和晋升的时候,往往都十分谦虚。在接受荣誉的同时,也不会忘记自己的荣誉来之不易,和自己的伙伴分不开。他会和那些曾经与自己一起并肩作战的战友们一同分享。这样的领导者,大家非常乐意看到他的成功,当他获得表彰时,大家会发自内心地为他鼓掌,为他高兴。而且,大家以后会更卖力地为他工作,去追求更大的成功。因为大家知道,不管他取得多大的成就,永远不会忘记和他一起奋斗的人,他会回头感谢大家。

优秀团队建设：创造每一个员工都想要归属其中的组织

但是，有些领导者在取得成就的时候，眼高于顶，好像自己的成就已经最大了，没有人能比得上自己，就连说话的声音都高了八度。这样的领导者，这样的行为，就是在把伙伴从自己的身边赶走。对这样的领导，以后还会有谁能死心塌地地跟着他呢？

在团队中，一个人拥有优势的时候，想保护自己无可厚非；但是你要明白，想要一直保持自己的优势，必须要学会分享。因为大家处于同一条利益链上，一荣俱荣，一损俱损。

想要实现团队共赢，首先得做到分享，因此团队意识就显得非常重要。几乎没有人能够独立且高效地完成一项工作。只有在合作的过程中一直贯穿团队合作意识，才能促使每个人尽心尽力地做好本职工作，在工作中奉献自己，以达到共赢的目的。

之所以合作能达到共赢，是因为在这个过程中各自发挥优势，取长补短，能够很好地规避风险。

一个优秀的团队，不仅要在精神上高度统一，在物质上也要不断奖励。领导者取得成就时，千万不能忘记和自己一起拼搏的其他员工。

另外，分享不光是指在取得成功时和大家共享喜悦，在面对责任和压力时，也要学会和他人分担。

　　　　　• • • • •

有一家工厂，因为市场的冲击，即将破产。员工们已经开始收拾细软准备另谋高就了，他们根本就不指望厂里能把剩余的工资发给大家。

在走之前，经理把大家召集到一起，说："现在工厂的情况大家都清楚，我现在给大家两个选择，第一，我马上申请破产，工资我会一分不少地发给你们，希望你们接下来找到更好的工作。第二，我把工厂的股份分给大家，以股份代替工资，但是现在手里的股份是债务，还不能兑换成钱。"

员工们安静地听着，经理顿了顿，接着说："我们在一起工

第五章 互相协作：提升团队战斗力

作这么长时间了，为什么不能放手一搏呢？工厂蒸蒸日上的时候，离不开你们每个人的努力，现在，只要我们团结起来，就一定能够走出困境。"

结果，工厂所有的员工都选择留下来，每个人都拿到了工厂得股份。后来，大家都很卖力，过了半年，这家工厂又变得十分红火了，经理也兑现了当初的承诺。

懂得分享，不仅仅是对团队成员的基本要求，作为领导者更要以身作则。当你在事业顶峰，学会把成功的喜悦分享给你的员工，就相当于获得了成倍的喜悦；当你遇到危机，把困难分担给大家，自己的压力是不是就小了很多？学会分享，利于团队，更利于自己。

4. 帮助别人就是在帮助自己

曾经在杂志上看到这样一个故事。

几年前，有个叫胡培的年轻人，从河北西部一个偏僻的山村来到北京。走在繁华的都市街头，啃着干硬冰冷的馒头，他发誓一定要闯出一片属于自己的天地。

然而，对于没有上过大学的胡培来说，要想在北京这座城市找到一份称心如意的工作，简直比登天还难，几乎所有的公司都拒绝了他的求职简历。

就在他灰心丧气的时候，有一天，他接到一家家居用品公司

优秀团队建设：创造每一个员工都想要归属其中的组织

让他面试的通知。他满怀信心地到那家公司面试，但是，当面试官针对公司产品进行提问时，他愣住了，一句话也说不出来。说实话，眼前的这些东西，虽然平时也用过，但是让他细致地阐述产品的功能、效果，他什么都不知道。

眼看到手的机会就这样消失了，胡培很不甘心，他问面试官："请问老师，你们到底要招什么样的人？"

面试官抬起头，面带微笑地对他说："很简单啊，只要能把仓库里的产品全部卖出去，你就是我们要找的人。"

回到家里，胡培反复地琢磨面试官的话，突然灵光一现，他有了一个大胆的想法：不管是哪家企业，其实招聘的都是能为自己的企业解决问题的人。既然如此，我为什么不换个方式，出去找找看哪些人需要帮助呢？

他马上打开电脑，在各大论坛发布了一篇很奇怪的帖子。帖子中有这样一段话：我以本人的信誉做担保，假如你或者你的公司需要帮助，恰好我又有能力提供帮助，我一定竭尽全力提供最靠谱、最优质的服务。

出乎意料的是，这一篇并不起眼的帖子发出来后，胡培接到了很多电话、短信和回帖。

原本只想找一份工作的胡培，通过这个帖子经历了一些非常有趣的事情。陆女士的宠物狗生了很多小狗，她一个人照顾不过来，而张先生的儿子刚好想买一只小狗；南城的一所小学急需要大量的鲜奶，而邻市刚好有一家牛奶厂需要开拓校园市场……类似的事情一桩桩，一件件全部找到了他。

胡培把这些需要帮助的人进行了整理，分类写在一个小本子上，然后无偿地把信息告诉那些需要帮助的人。同时，他也找到了一份理想的工作。过了一段时间，他收到一笔汇款，原来是曾经帮助过的人寄来了答谢礼金，以表谢意。

第五章 互相协作：提升团队战斗力

因此，胡培灵机一动，注册了一个网站，专门做信息交流。没想到网站的流量越来越大，后来还有广告找上门。胡培很快就在北京站稳了脚跟。

• • • • •

大多数情况下，帮助别人就是在帮助自己。并且，在给别人提供了帮助以后，你会发现，自己也收获了快乐。因为在帮助别人的时候，你会有一种强者的感觉，正是在这种精神的鼓励下，你会变得越来越强。

给别人一杯水，自己必须得有一桶水，而为了保持一桶水，我们就必须时刻努力。要知道，你给别人的愈多，你的收获也就愈大，不是吗？你种下的可能只是几粒种子，但到来年春天，你能收获整片树林！

在你遇到麻烦时，那些主动向你伸出援助之手的人总能得到你的好感。事实上，你希望看到笑脸，你的脸上就要先有笑容。我们不能只是抱怨别人，埋怨周围的环境，而应该主动去关心别人，主动为别人做一些事情。对于你提供的帮助，大家一定会铭记在心，过后给你更大的回报。你想要收获真诚，首先就要付出真诚。那些把个人得失抛在脑后，主动帮助他人的人，一定会获得很多尊重。

• • • • •

陈家俊向一位农场主推销自己公司的收割机。到达农场后，他才知道已经有不少推销员已经来过但都被拒绝了。尽管如此，他还是满怀信心地向农场走去。在路上，他无意中看到花圃里有一些杂草，便顺便走进花圃将杂草拔掉。他这一毫无意识的动作碰巧被出门的农场主看见了。

他见到农场主后，刚说明来意，农场主就挥手打断他说："你不用说了，你的收割机我要10台，请尽快交货。"

他很吃惊地问："我非常感谢您订我的货，但我的机器您都没见过，就如此痛快地决定订10台，到时不会反悔吧。"

农场主说："我的确需要10台收割机，货到马上付款。至于

优秀团队建设： 创造每一个员工都想要归属其中的组织

为什么没见过您的机器就决定要，是因为你的行为已经明白地告诉我，你是一个乐于帮助别人、诚实可信、有责任感的人。"

每个人都要有一颗感恩的心，与人方便，就是与己方便，帮助别人就等于帮助自己。

如果你帮助其他人攀登山峰，他们登上山顶时你也会同时登顶。一个能与同伴合作的人，将会飞得更高、更远，而且更快。如果你帮助其他人获得他们需要的东西，你也能得到你想要的东西，而且你帮助别人越多，你得到的也就越多。

我们知道，世上很多事看似没有关系，其实都是互相关联的。所以，我们做工作时也千万不要只关注自己眼前的事，要知道工作中与自己"无关"的事不一定对自己没有影响。

一位老板对在办公时间看闲书的员工说："如果你暂时没事可做，为什么不去帮助那些需要帮助的同事呢？"他的话值得我们深思。工作中我们不要将某项工作孤立地看待，因为工作有连续性，你的工作可能是过去某项工作的延续，或者是未来某项工作的基础，还会涉及多个部门或岗位。

工作有很多中间环节，彼此间需要协调。有的员工在做某项工作时总是只关心自己本身应该完成的部分，将工作传递到相关部门与岗位之后便听之任之了。这种人缺乏团队精神，关注更多的是"我自己"，而不是"我们"。

正如企业管理专家阿瑟·卡维特·罗伯特斯所言："优异的成绩都是通过一场相互配合的接力赛取得的，而不是一个简单的竞争过程。任何团队成员必须关注整个团队的利益，而不是自己，要善于传出接力棒，而不是单枪匹马独自完成整场比赛。"

5. 团队不需要个人英雄主义

在2004年雅典奥运会上,男子4×100接力赛中,美国队虽然派出了他们的最强组合,但最后还是没有拿到冠军,这是为什么呢?因为他们不懂得合作。在一个团队里,如果大家都只顾着自己出风头,即使你表现得再完美,也很难做出成就。个人英雄主义已不再被团队所接受,大多数团队领导者也开始重新审视自己的团队观。

在一个团队中,才华横溢的员工比比皆是,然而,最让领导左右为难的也是这部分员工。自以为有些才华的员工带有优越感,心高气傲,这类员工的个人英雄主义思想又非常强,他们做事情时只会想到自己,不会将大家团结在一起,运用集体的智慧和力量。

冯晓楠在天津一家汽车4S店做业务员,她的销售技术非常好,和客户的关系维持得也很融洽,她的成绩公司领导和同事都看在眼里,每个人都很尊重她。可是,好景不长,冯晓楠取得一些业绩后,就开始目空一切了,特别是对前台接待和一些客服人员更是颐指气使,指手画脚。

本来这些同事非常支持冯晓楠的工作,只要是她的客户打电话来,马上进行售后服务,而且态度也非常和蔼。可是冯晓楠却对他们说:"你们都给我上点心,没有我,你们都要去喝西北风!"要不然就是说售后服务态度不好,服务不到位,有客户跟她投诉等。

优秀团队建设： 创造每一个员工都想要归属其中的组织

由于冯晓楠的职位比较高，客服和售后都不敢和她正面起冲突，但是在背后却给冯晓楠使了不少绊子。后来，只要是冯晓楠的客户打电话来，客服人员都能拖则拖。最后这些客户直接把电话打到了冯晓楠那里，并把气都撒在她的身上。由于售后服务不到位，冯晓楠流失了很多客户，甚至有些客户被其他同事抢走了。最后，冯晓楠在这家4S店待不下去了，只能选择辞职，另谋高就。

企业在招聘员工时，非常在乎这个人具不具备团队协作精神，假如一个人在团队中太注重自己的利益，其价值观和这个团队的价值观就是相违背的。因此，没有团队精神的人，体会不到成功的喜悦。想要获得发展，就要把团队利益放在第一位，这是每个员工都要明白的职场规则。

团队和个人之间不是"你死我活"的对立关系，而是相互依存，互相统一的关系。优秀的领导者能够让团队和个人相互促进，共同成长。

如今，人才市场和商业市场的大环境不断变化，一个团队想不被大环境淘汰，就一定要注重团队精神的建设，打消团队中的个人英雄主义。这就需要领导者充分发挥主观能动性，不管是管理团队还是开发业务，都要不断调整自己的工作方式。个人英雄主义在很大程度上破坏了团队精神的建设，影响了整个团队的工作热情。为了遏制个人英雄主义，塑造良好的团队精神，领导者不妨试试下面的方法。

（1）让员工对个人英雄主义有正确的认识，合理发挥个人英雄主义的作用

领导者需要引导员工对个人英雄主义有正确的了解，适当地发挥个人英雄主义的作用。在平时的工作中，领导者会适当授权，给员工锻炼的机会。当员工在工作中遇到阻碍时，通常会寻求同事或上司的帮助。这时，领导者可以鼓励员工打开思路，发挥自己的主观能动性，自己去解决问题，不要一出事就想着向别人求助。

然而，过于强调个人英雄主义的作用，渐渐地，员工也不在乎团队精神是什么了。这个时候，个人利益居上，失去了共同目标，也就没有团队利益可言了，整个队伍就像是一盘散沙，还没上战场，就已经失败了。

领导者可以适当鼓励员工发挥个人英雄主义，以锻炼员工的工作能力，让他们在日后的工作中能够独当一面。员工的素质提高了，团队能量也就变强了。

（2）始终给员工灌输团队利益至上的思想

领导者要不断对团队成员进行团队精神教育，告诉他们要时刻把团队的利益放在首位。只有团队进步了、成功了，自己才能成功。个人和团队紧密相连。

平时的工作中，领导者要心胸开阔，用公平公正的态度对待每一个员工，积极促进团队成员之间的交流，着重强调团队精神的重要性，让每个员工把自己最大的能量发挥出来。领导者要让员工们有这样的感觉：团队不能没有我，我离开团队什么都不是。不断增强员工的团队意识，提升团队的凝聚力，把团队打造成一个战无不胜的常胜军团。

（3）加强团队内部的沟通交流

一个成熟的团队，大家相互的交流往往非常顺畅，不管是团队与团队之间，还是员工与员工之间。优秀的领导者总是带着赞许的眼光去看员工，在他眼里，员工们都是出色的，当他发现员工身上的某个优点而自己没有时，他会向员工学习，提升自己，让自己变得更加优秀。

在工作中，问题会源源不断地出现，这是所有在职人员都必须面对的事情，但是，面对问题的态度、处理问题的方式，却是我们可以选择的。有员工对"竞争"有误解，他们觉得，想要在团队中脱颖而出就一定要有一技之长，打败对手。他们把自己的工作经验，当作自己在团队中赖以生存的护身符，一旦让别人知道了，自己的地位就不保了。

因此，这种类型的员工，很少和其他同事交流，当大家都在为团队发光发热的时候，他故意隐藏自己的能力，甚至看着自己的队友犯错。这些行为严重影响了团队内部的团结，给大家造成了不必要的损失和麻烦。尤其是对于那些初出茅庐的职场新人，他们正是需要老员工点拨指引的时候。如果能够有"过来人"多帮助他们，关心他们，这些新人一定会迅速成为团队中的中流砥柱，为达成团队共同目标发挥自己的一份力。

(4) 团队的利益永远高于个人英雄主义

团队意识和个人英雄主义是一对反义词，因此当它们同时存在时一定会发生冲突。如果不好好处理二者的关系，团队的战斗能力一定会大打折扣。

在团队中，不管个人的力量是多么强大，团队利益永远是第一位的。所以说，就算要适时发挥个人英雄主义的作用，保证团队利益不受侵害也是一个大前提。否则，团队利益受到影响，个人英雄主义也就失去了发挥的舞台。

当我们身处团队中，我们自身的利益就已经和团队分不开了。我们想要做出成绩，就要把团队的利益最大化，这样自己的价值才能得到体现。在一个团队中就算当不成那个挥斥方遒的领导者，至少也是为团队发展出过力的小员工。团队一旦失败，我们也就失败了。

总的来说，管理团队的过程中，领导者要督促员工像狼一样齐心合力，共同努力，盯准一个目标，一起前进，打造一支无往不利的工作团队；当员工需要独当一面时，每个人都要像雄狮般驰骋草原，确定目标，永不放弃，坚守自己的岗位，把自己分内的工作做到极致。作为团队的领导者，一定要让团队成员树立正确的团队意识，把个人英雄主义抛在脑后。

第六章

挑战创新：集思广益，拓宽团队思路

创新是团队生存和竞争的基石。任何技术、思维、观念都是随着时代的变迁而变迁，团队要想顺应时代，走在行业前列，形成强大的竞争力，必须长存创新意识，依靠创新提高效率，依靠创新打造精品。

优秀团队建设：创造每一个员工都想要归属其中的组织

1. 不断学习新知识，让团队思维永不枯竭

在传统商业时代，一招鲜吃遍天，有一项一技之长就能在职场混得风生水起。然而，时代在变化，团队更要与时俱进，作为领导者，要不断学习新知识充实自己，带领团队不断创新，这样的团队永远是员工依赖的组织。

王伟和几个朋友经营着一家印刷厂，几年前，他们公司引进了一台高科技印刷机，这种新型印刷机产量大，耗能少，一度让厂里的效益增加了不少。王伟和员工们见证了印刷厂由一个小作坊变成一个小有规模的印刷公司。但是随着行业的发展，其他的印刷厂也引进了这样的机器，王伟面临的竞争越来越大，印刷厂的效益也降低了。

几年前，由于王伟占有技术优势，印刷厂纯利润有40%～50%，而近几年却下降到了20%。在这种局面下，一个合伙人决定去一些大型印刷公司进行考察研究。但是王伟却对原来的技术还抱有幻想，对外出考察这件事很排斥。虽然考察确实能够给现在的印刷厂提供新的灵感，把印刷厂从危机中解救出来，但是，变革技术后，原来的生产线、包装、设计都有变化，因此对应的工作都要重新安排。

由于王伟的反对，经由几个合伙人决定，把印刷厂分为新印刷部和老印刷部，王伟带领着一部分工人继续奋斗在老印刷部，

第六章 挑战创新：集思广益，拓宽团队思路

按照过去的流程印刷产品。

王伟安于现状，老部门的员工也效仿，大家丝毫没有意识到危机已经来临。由于工作效率太低，王伟这边一直没什么订单，工人们看着冷清的厂房，决定转到新印刷部去上班。最后，无奈的王伟只好关停了老印刷部，去新印刷部学习新技术。

其实这个案例反映的问题很现实，作为一个团队的领导者，最可怕的就是坐井观天，不与时俱进。在如今这个商业时代，没有什么是一成不变的，不想被时代淘汰，就要不断学习，跟上时代的脚步。当领导者"从我做起"，与时俱进了，员工会差到哪儿去呢？

一位优秀的领导者，不仅会让自己好好学习天天向上，还会用实际行动鼓励员工跟自己一起勤学习，让整个团队充满积极向上的氛围。

周主管一直觉得自己的部门死气沉沉的。虽然每个员工的工作都能按时完成，但是除了平时工作上的交流，其他时间根本无话可说。他觉得这样下去不行，团队缺乏工作热情。

后来，周主管在网上看了一节管理公开课，这堂课让他收获颇丰，他觉得应该让员工们也一起学一学。于是，在例会上，他把这次公开课的视频下载下来和大家一起看，还和大家分享了学习心得。这次例会的效果不错，员工受到启发，纷纷开始主动学习各种知识。

周主管能够感觉到员工们对于未知的领域还是很有好奇心和求知欲的，于是他经常把一些有意义的公开课拿到例会上和大家一起观看。几个月过去了，周主管惊喜地发现，办公室里每个人的工作积极性都提高了很多，在业余时间也能自发地学习了。

进入职场后，每个人担任的角色都在不断变化，也许今天是员工，明天就成了经理，也许今天是高管，明天就辞职自主创业了，没有人能预测

优秀团队建设：创造每一个员工都想要归属其中的组织

自己的未来到底在哪里。刚刚参加工作的时候，团队重点培养的不是工作能力，而是员工要在以后的工作中具备哪些习惯，比如脚踏实地的工作，迅速接受新事物，处理问题的能力等。当你具备了以上的素质，你的能力就有了质的提升，你就会获得别人接触不到的机会，也就有了比别人更广阔的发展平台。每个人都喜欢聪明勤奋的人，领导者也不例外。

不断学习，也是团队管理的需要。很多中层领导者本身是从基层岗位上走过来的，由于业务突出、人品好，所以被公司晋升到管理岗位。一开始管理团队时，他们也许会感到不适，不知道应该如何行动。因为以前做基层工作时，面对的无非就是电脑、文件、生产线，但是上升到管理层后，每天都有做不完的事情，光解决这些事情就要花掉大部分时间，更别说去学习新技能了。

我们常说"活到老，学到老"，领导者更应该贯彻这种精神。不单是从老师、书本、互联网处学习，从同事身上也可以学。孔子曰："三人行，必有我师焉。"有终身学习的想法，领导者才能永远走在竞争前列，带领着自己的团队更上一层楼。

如何训练自己的学习能力呢？

（1）选择适合自己的学习方法，培养快速学习的习惯

领导者不仅要善于学习，还要快速学习。现在信息更迭的速度太快了，学得慢的人接受知识的速度就会慢，接受慢了就会被时代淘汰。学习速度快就好像是今天看一本书，明天就能活学活用。学习速度快，不仅能让自己产生巨大的成就感，还能促进自己的学习兴趣。

（2）要意识到学习的重要性

正如前文所说，学习是环境的需要、自身的需要、管理的需要。领导者意识到自身需要学习，就会端正学习态度。

"态度决定一切"，也决定了你的能力高低。"人生所有的能力都必须排在态度之后"，态度是一切能力的推动力，态度端正，我们才能激发自身的无限潜能。有许多畅销书，比方说减肥、理财等，都会在第一章让读

者寻找自己的内在动力。找准方法很重要，但是如果没有好的态度，哪怕再好的方法也没有用。当你认为培养自己的学习能力很重要时，你的态度就会驱动潜能，提高自己的学习能力。

(3) 学习贵在坚持

世界上著名公司的领导者无不具有超强的学习能力。他们的经验和发展历程告诉我们，保持旺盛的学习欲望，才会做出一番成就。对于团队领导者来说，有可能在视野、思路方面与老板相比还有欠缺，但是学习可以补足自己的缺点，学习也是你带出好团队的能力源泉。

2. 不按套路出牌有时很管用

爱因斯坦的相对论告诉我们，一切事物都是相对的，也就是说凡事都有正反两面性。要想全面看清某个事物，就必须看全事物的正反两面，然后再进行深入思考，这样看到的事物不是平面的，而是立体的，每个棱角，每个隐藏的角落都会暴露无遗。

但现实中，很多人认识事物的过程都是片面的，这是人的惯性思维导致的。人们经常以一种方式思考问题，看到任何事物都无法跳出惯性思维的束缚。因此，抛弃惯性思维是非常有必要的，只有学会逆向思考问题，才能得出不一样的结论，才能做到真正的创新。

逆向思考是由逆向思维发展而来的。那什么是逆向思维呢？就是指在思考问题时，不按套路出牌，使用与正常思路相反的想法分析问题，然后找到最合理的解决办法。逆向思考能够让人们突破束缚，打破思维定式。从问题相反的方向进行分析，说不定会收获意外的惊喜，换句话说，就是

优秀团队建设：创造每一个员工都想要归属其中的组织

别按套路出牌。

逆向思维不仅可以在各个学科中应用，在政治、商业等领域也有广泛的运用。并且，逆向思维对于发现问题、解决问题，往往起着意想不到的作用。作为团队领导者，更应该对员工进行逆向思维的培养，在工作中多鼓励员工进行逆向思考，解决工作中出现的问题。

另外，团队想要不断创新也离不开逆向思维。员工在工作中多用逆向思维思考问题，可以让工作变得更有趣，最后得出的结果也会更满意，这些创意往往会成为企业创新的源泉。

高崎国际集团的董事长高建民就非常喜欢用逆向思维的方式思考问题。它的员工曾经这样评价他："高董事长总是喜欢把问题倒过来看。每次和他讨论工作上的问题，也必须用逆向思维，虽然这样很累，但确实收获很大。"

那个时候，集团主要以汽车零部件出口为主营业务，业务量非常大。但是一条生产线的生产力是很有限的，于是，高建民说："为什么每条生产线的效率不能提高一点，每次生产多种零部件呢？"他马上召集技术部门开会，要求技术部门解决这个问题。技术部的工程师们非常为难，对高建民说："您说的怎么可能实现啊，一条生产线生产多种零件，很容易出错的，到时候客户那边不好交差啊。而且每个零部件的构造不一样，模具的问题怎么解决，这都不现实。"

高建民对工程师们说："你们不能这样想，要是总想着怎么让一条线生产多个零件，那永远都没有解决办法，你们可以换个思路，看一看生产多个型号产品的生产线和生产一个型号产品的生产线有什么区别？然后找出汇合点，针对汇合点进行生产线调整。"

技术部的工程师们照做了，果然，他们发现，这并不是一件特别困难的事情，只需要对几个技术点进行调整就好了。没过多久，集团的一条新生产线就进入试运行，这条生产线一次可以进行多种零部件的生产。这样一来，生产线的灵活性被发挥到了极致，提高了效率，也节约了成本。

创新是企业生存的命脉，没有了创新，企业一定会被淘汰。而创新不能只是依赖企业中的某个部门，而是要全体员工共同参与进来。因此，提高员工的创新能力是领导者必须要做好的事情，而创新能力的源泉就来自于逆向思维。

领导者若能做到下面两点，员工的创新思维能力将不断提高。

(1) 鼓励员工反其道而行之

现代团队的领导者都有一个认识误区，他们害怕员工特立独行，想尽方法让员工听话。看到员工都本本分分地工作，领导者会感到很欣慰，他们觉得这样的管理才是有效的。实际上，假如一个团队的员工都变得十分顺从，这才是失败的管理，别说创造力的浪花，连一点儿涟漪都不会激起。这是因为员工不愿意思考吗？当然不是，是领导者不让员工思考，他们不允许员工有另类的想法。

这是最笨的管理方式。聪明的领导者应该鼓励员工有自己的想法，即便这种想法不切实际，天马行空，也要让员工勇敢去想，大胆去想，并且有表达出来的勇气。实际上，世界上任何一项伟大发明，几乎都源自发明家不切实际的想法。

员工在工作中如果能够不按套路出牌，说明他十分具有创新精神。确实，有些时候员工会过度自信，甚至自负。这时，领导者也不能只顾着批评，首先应当鼓励，再进行开导，让员工改正错误，保留优点。

(2) 不进反退

这里说的"不进反退"不是让领导者忍让员工，而是有逻辑地进行反击，但反击的策略不是步步逼近而是以退为进。大多数情况下，勇往直前通常会遇到阻力,暂时的退让却能换来更大的进步空间。领导者在培养员工的逆向思维时,也要让员工懂得以退为进的艺术。

员工在团队中不是独自存在的,他们需要和同事来往沟通,彼此间出现利益摩擦是很正常的。如果员工只知道一味求胜,不仅会给自己带来麻烦,也会给团队带来损失。领导者必须帮助员工掌握以退为进的策略,克服工作中的种种阻碍。

总之,不按套路出牌的逆向思维,在团队管理中的创新作用十分明显,能够给团队带来新想法、新思路和新的管理方法,能够打开团队的新局面。团队领导者应把培养员工的逆向思维作为培养员工创新精神的重要组成部分。

3. 具备攻坚意识,敢于挑战新的目标高峰

著名管理学大师彼得·德鲁克曾指出企业老板的五大致命缺点。

缺点一:为人不正直,没有威信;

缺点二:只关注员工的缺点,心胸十分狭隘;

缺点三:只看重才华,不看重品德,不成熟;

缺点四:害怕员工的能力比自己强,软弱;

缺点五:对自己没有严格要求,不求上进,让下属看轻自己,进而看轻工作。

领导者过于安于现状,不愿意接受挑战,就是德鲁克说的第五点。这会令领导者的威望无从谈起。

工作稳定,确实可以让团队充满安全感,但我们还应该看到深层次的

第六章 挑战创新：集思广益，拓宽团队思路

问题：工作稳定意味着没有新挑战，在这种情况下，长期做着同样的工作，会渐渐磨灭员工的斗志。时间长了，整个团队都会陷入危机。

经常听到有的团队领导者说："我们部门里死气沉沉的。有些员工都磨成老油条了，批评表扬都不在乎，有时我都快急死了，他们还是不紧不慢，这样的员工带着真累啊。"这就是一种团队负能量的体现。

对于这种员工，现在有一种称呼叫作"职场橡皮人"，就是指那些软磨硬泡，工作没效率，上班混时间的员工。他们对于新鲜事物无感，对领导的批评也不在乎。这种负面情绪再发展下去，不仅会让整个团队都像生了锈一般无法前进，还会影响其他员工的工作积极性，让整个团队的气氛都变得十分消极。

有的员工刚来上班时充满干劲，活力十足，但是时间一长，他发现不管自己怎么努力都没用，因为周围都是这种充满负能量的"橡皮人"，慢慢地，自己也被影响，成为新的"橡皮人"。

在工作中，我们经常会听到这样一句话："为什么大家都老老实实地上班工作，偏偏你一个人想法这么多呢？"如果这句话只是同事之间的玩笑，那么无伤大雅，假如这句话是从领导者嘴里说出来，说给员工听的话，那问题就来了。团队创新本来就是要跳出条条框框，提出不同的见解，如果人人都一样，还怎么谈创新？

蔡强是一家外企的中层管理人员，主要负责市场部的工作。他加入这家企业已经有十年的时间了，因此对本部门的运营管理非常熟悉。但是市场部的工作效率非常低，业绩总是达不到老板的要求，因此老板把之前的市场部主管开除了。蔡强在升职以前也只是市场部的一名员工，但是他对原来主管的管理不是很满意，认为一定要调整。老板觉得蔡强是个人才，于是把他提拔到市场部主管的位置。蔡强非常激动，下决心一定要做好。

新官上任三把火，他刚刚走上管理岗位时，觉得这里也可以

优秀团队建设：创造每一个员工都想要归属其中的组织

改,那里也可以动,许多方面改进后都能提高工作效率。但是,事实证明,他的这些想法非常不现实,加上还有部分员工并不是很服气,因此在改革的过程中遇到了很多问题。

蔡强觉得自己有些地方改动之后还不如以前,自己的努力不但没有起效,还降低了原来的工作效率。于是慢慢地,蔡强不再对员工的工作做出调整了,而是得过且过。

由于自己对工作流程非常熟悉,他决定就按以前的方式来继续下去,每天不用加班,也不做出调整,事业上安安稳稳。假如有员工对他的工作提出合理建议,他就装作非常为难的样子对员工说:"你的建议非常好,可是有些事情不是说改就能改的啊。"或者说:"你的想法太单纯了,我看我们目前还是先做好自己手头的工作吧。"时间一长,再也没有人向他提意见了,市场部又回到了以前的样子。

由于工作效率长期得不到改变,要不就是增加工作成本,要不就是经常无法按期完成项目。蔡强觉得:"反正我的改革也没有人支持,那就按照以前的方法来吧,不求有功,但求无过。就这样吧。"

老板本来对蔡强抱有很大的期望,但是没想到上任没几天,蔡强就泄气了,工作效率也并没有提高。不管其他部门的人对项目的要求多迫切,蔡强还是不紧不慢地,没过多久,蔡强也被解雇了。

其实在这个案例里,蔡强还是很有创新想法的,只是他没有坚持下去。实际上,创新不是一件容易的事情,它涉及方方面面,哪怕只是一次小小的改变,都会遇到前所未有的障碍。蔡强由于遇到了一些阻碍,最后还是被困难打败,选择过一天算一天。他的这种想法再次压制了团队的创新,慢慢地,大家都变成了"橡皮人"。

第六章 挑战创新：集思广益，拓宽团队思路

梁红是一个非常喜欢钻研，并且不满足于现状的人。她当上主管以后，并没有立即大刀阔斧地进行部门改革，而是先花了一部分时间对部门进行了解。她思考了很久，部门里有的员工很忙，有的员工却无所事事，是不是应该进行员工岗位培训，提高员工的工作能力然后把工作均摊呢？

她觉得，能者多劳无可厚非，但是一个人的工作强度太大，一来工作质量得不到保证，二来员工的工作热情也会被慢慢削弱。当部门中所有员工的能力相当，可以分摊工作时，工作效率和工作质量是不是也可以同时提高呢？通过对部门进行调查，汇总数据，她决定向上级申请给部分员工进行职业培训。虽然从短期来看，培训支出很大，但是从长远看，员工经过培训，提高了自己的工作效率，为企业创造了业绩，这样看来，当时的培训支出就微不足道了。

梁红一直在对自己的管理范围进行调整改革。虽然颇具难度，但是她不畏艰难地想出很多办法来解决问题。后来，梁红觉得，部门这么大，员工这么多，管理层不一定全部了解基层员工的想法，假如每个人都能想办法改进多好啊。于是，她又和老板商量，建立了"有奖建议"机制。每个员工都能说出自己对部门的看法，对那些建设性的意见，公司给予一定的物质奖励。大家的工作积极性一下就被调动起来了，公司经常会收到一些很好的改进意见。

在这个案例里，梁红主管不仅自己积极想办法进行部门改革，还调动了员工的热情，这就是领导者向上正能量对员工的影响。每一个员工都希望领导者能听到自己的声音，当员工提出意见时，梁红给予员工表扬和奖励，从来没有打击大家的积极性。通过这种方式，梁红营造了一个和谐向

上的团队工作氛围。

到底是什么在阻碍我们的挑战精神？主要有以下四种心理在作祟：从众心理、情感阻碍、先验效应和权威心理。

我们习惯用传统的观点对新事物进行判断，用过去的规则套在现在的市场上，甚至我们还习惯被自己的思想扰乱思绪。不仅如此，我们还经常有这种想法：别人不行动，我也不行动，对手都不着急，我为什么要这么着急？这就是从众心理在作怪。

所以，对于一个领导者来说，激发团队的挑战精神，不断挑战新的高峰很重要。那么领导者该怎么做呢？

(1) 要建立健全的企业制度

领导者要根据团队的现有状态，对团队进行分析了解，然后根据自己的了解给团队成员分派不同的岗位，并讲清楚岗位职责。

接着，根据团队工作的需要，制订一整套完整的工作运转流程，让团队成员之间有完美的配合。为了提高员工的工作积极性，还要制订一套工作结果评定标准，根据标准来确定员工的工作是否达到要求。

一个团队形成了一定的规模，如果没有良好的体制支撑，就一定会出现问题。当团队出现问题，员工还会积极工作吗？相互之间还会完美配合吗？在这种条件下，团队根本不会有创造力。

(2) 要为员工营造一个有创造力的工作环境

现在的市场竞争和人才竞争越来越激烈，可以这样说，领导者领导团队创新比吸引人才更重要。领导者要如何做到这一点呢？最好的办法就是为员工营造一个有创造力的工作环境。但是，第一个要解决的问题是领导者如何知道自己的团队真的需要这样的环境。

在一个充满创造力的环境中工作，能够让员工的思维更活跃，不断涌现出新想法、新思路，思路打开了，员工就有勇攀高峰的动力了。

4. 摈弃负面情绪,让灵感蜂拥而至

几年前,哈佛大学商学院曾经做过这样一个调查,调查的主题是"员工工作热情",调查结果显示:在所有的调查对象中,只有不到2%的受访者能够一直保持工作热情,而43%的受访者在接触一年后会对工作失去热情,还有26%的受访者在熟悉工作一年后会逐渐失去热情,剩下29%的受访者表示从来没有过工作热情。

这项调查结果很值得各位领导者思考,同时也让一些大企业的管理者倍感压力,这是为什么呢?难道他们引以为傲的员工,只有极少数是优秀的吗?其他的员工都是为了工作而工作的吗?实际上,有些情况领导者也明白,假如员工对工作丧失了热情,是没办法保证产品质量的,从而阻碍企业的创新发展。

为什么员工的工作热情如此之低?到底是什么湮没了员工的工作热情?对此,哈佛大学商学院做了一项研究,研究结果表明,湮没员工工作热情的罪魁祸首就是负面情绪。负面情绪是相对于正面情绪而言的,正面情绪如高兴、兴奋、上进、决断、愉快等,是能给团队带来正能量的好情绪。负面情绪诸如埋怨、悲伤、沮丧、悲观、懒惰、拖沓、犹豫、浮躁等,是给团队带来负能量的坏情绪。正能量可以激发一个人的创新能力,而负能量只会让一个人越来越退步。

哈佛大学商学院把影响员工工作热情的负面情绪总结为以下几点。

(1)不断地抱怨情绪

员工消沉的意志始于抱怨,抱怨是给自己的失败找借口,给逃避找理

由，是消极怠工的表现。现实中有很多才华横溢的员工，可是他们的工作表现却和他们的才华成反比，就是因为他们的抱怨情绪太多了，妨碍了他们的创新能力。

(2) 习惯后的麻木

大多数员工在刚接触一项工作时，对这项工作充满了新鲜感，工作热情非常高，对待工作也很认真。但随着工作越来越熟练，挑战越来越少，工作的热情也逐渐消耗殆尽。当员工已经完全熟悉工作后，工作热情已经为零了。这阶段的员工，已经进入了麻痹的状态，哪还有创新可言呢？

(3) 惰性心理

惰性心理每个人都有一点，主要表现在懒惰、散漫、游手好闲。有的员工明白惰性心理的危害，尽力克制自己，可是有些员工却任由懒惰侵蚀自己的意志，最终一事无成。

懒惰情绪会压制人们内心的热情，被懒惰情绪控制的人往往好高骛远。当他真正干工作的时候，不是这里复杂，就是那里困难，一点执行力都没有。这类员工是最没有希望的，因为世界上没有容易的工作，更没有轻而易举的成功。

(4) 消极情绪

消极情绪是提高工作热情路上的拦路虎，也是员工不自信的表现。消极的人容易产生悲观情绪，他们怀疑自己的能力，不敢相信自己也能获得成功。消极的员工在面对困难时往往会退缩，不敢主动创新。

这四种负面情绪不是孤立的，而是有一定关联的。通常来说，员工有了一种情绪，其他的负面情绪也会接踵而至，因此，管理者必须尽早发现员工负面情绪的苗头，尽快采取行动。

下面提到的四种方法，也许可以帮助管理者克服员工的负面情绪，提高员工的热情，刷新员工的创新能力。

(1) 克服拖延情况

有些员工总是喜欢把自己的工作一拖再拖，工作效率十分低下，这是对自己和团队都不负责的表现。还有一部分员工拖延工作，是因为被工作难度吓到，迟迟不知该如何下手，但是又不敢把问题说出来，于是一拖再拖，最终让整个团队蒙受损失。

管理者应该及时发现员工拖沓的行为，告诉他们工作出现阻碍时，一味地拖延是不能解决问题的，只会让问题越来越严重。所以，管理者要强化员工的效率意识，督促员工"今日事，今日毕"。让员工形成时不我待、只争朝夕的工作作风，保证团队各项创新工作顺利开展。

（2）及时表扬员工

在一般情况下，所有的员工都能感受到完成一件任务的满足感和成就感。比如我国劳动模范时传祥，虽然他只是一个普通的挑粪工，但是他十分爱岗敬业，赢得了大家的尊重，被评为全国劳动模范，还受到了时任国家领导人刘少奇的接见。我相信，这不仅仅是对时传祥的鼓励，也是对广大劳动工作者的鼓励——只要自己做好了，就能得到相应的荣誉。

但是，员工想得到荣誉的前提是必须用饱满的热情投入到工作中去，如果没有按质按量完成工作，是不会得到荣誉的。荣誉感督促着员工不断进步，不断激发自己的潜力。因此，当员工值得这份荣誉和奖励时，一定要及时对员工进行表彰，不要打击了员工的工作热情。

（3）根治懒惰心理

一些员工的创新意识不强，对工作的研究没有做到位，对问题的思考不够深入，自己分内的工作迟迟不能完成。管理者要引导员工树立"用心做事"的态度，提高员工的专注度，努力工作，根治懒惰情绪，确保员工的工作状态，时刻保持热情。

（4）拒绝粗心行为

每天从事相同的工作，很容易让员工丧失对工作的热情。为什么会这样呢？因为员工的自我价值得不到实现，员工觉得每天重复着做没有挑战的事情，是对自己才华的埋没。管理者要告诉员工，那些成功人士，就算是一件非常细枝末节的事情，也会认真对待，只有做好手头每一份简单的工作，才能在日后担起更重要的责任。

　　阻碍一家企业实现创新的因素有很多，负面情绪是最重要的原因之一。有很多管理者觉得：不就是员工心情不好吗，我请客，大家出去乐和乐和，心情自然就好了。可是，这样的方法治标不治本，想要从根本上摒弃员工的负面情绪，提高员工的创新力，还需要弄清楚问题，具体问题具体解决。因此，掌握好这些情绪分析法，对一个领导者来说尤为重要。

5. 让团队专注于最擅长的领域

　　很多企业的领导者认为自己是经商的多面手，各行业通吃，只要能赚钱的行业都涉及，一定会财源滚滚来。但事实是这样吗？我们来看一个案例。

　　姚红伟经营一家建材企业，年净利润几百万元，日子过得很得意。起初，姚红伟只想将自己的建材发展为全国知名品牌，但企业经营到五年时，他开始转变思想，认为单靠一种产品是不可能将企业做大的，而且一旦行业不景气，企业将面临危机，他决定要再涉足一个领域。他选择的副业是家具，因为都和房地产行业挂钩，经营起来也比较顺手，家具为他带来了可观的利润。

　　尝到了副业的甜头后，姚红伟彻底转变了思想，开始涉足更多的副业，短短几年间，他又涉足了涂料、装修公司、水泥、家具艺术品、石材买卖等七八个领域。虽然每天忙得不可开交，但姚红伟内心十分满足，认为自己简直就是商业奇才，能同时经营

第六章 挑战创新：集思广益，拓宽团队思路

涉及这么多领域的公司。后来，他又开始谋划着要进军服装市场和电子市场。

就在他野心勃勃的时候，艺术品市场出现了动荡，价格波动巨大，相对于那些买卖艺术品的老手，姚红伟显得嫩了许多。在生意一帆风顺的时候，大家还愿意帮衬他，但现在出现了危机，大家只顾自保，谁还管交情呢！最终被艺术品市场淘汰了，这几乎赔掉了他一半的资产。

危机产生了，如果姚红伟能做到壮士断腕，及早舍弃那些副业，专注经营一两个领域，他是有机会翻身的。但姚红伟认为自己能力非凡，艺术品市场的失败是个偶然。这时候姚红伟连锁店式的企业已经很脆弱了，随着后期资金链的断裂，他所有的企业就像多米诺骨牌一样倒下了，他连赖以起家的建材企业也没能保住。

通过这个案例我们可以看出，企业涉足多个领域有多么大的风险。杰克·韦尔奇在成为通用电气公司的首席执行官之后，公司正处在崩溃的边缘。他发现导致通用迅速衰落的原因是无度的扩张——公司竟然涉足了一百多个领域！其中大多数领域，通用的子公司连配角都算不上，只是个很不起眼的小角色。而这些子公司却耗费了公司大量的人力、物力、财力，以致公司经常拿不出钱来经营最核心的领域。

杰克·韦尔奇当即做出决定，砍掉这些即将要捆死通用的烂手臂。在大刀阔斧的改革下，通用最后只涉足两个领域，其余的子公司被毫不留情地削减了。通用瘦身后，轻松了许多，立即重新开始高速发展，现在又屹立在世界顶级企业之林。

作为领导者必须带领团队专注于自己最擅长的领域，而不是面面俱到。一个人的精力毕竟是有限的，一个团队也不例外，即便是再强大的团队，如果涉足的领域过多，也会被拖垮。

优秀团队建设：创造每一个员工都想要归属其中的组织

领导者想要带领团队更上一层楼，这种心理可以理解，但是，还没学会走，就想跑，很多领导者在"进步"最后陷入了两难的境地。团队在进步过程中常常会走入很多误区，总结起来有以下四点。

（1）盲目建立品牌

很多领导者期望通过涉足诸多行业来打响自己团队的品牌，其实这是在做无用功。品牌价值是需要慢慢积累的，只要产品质量好，后期服务做到位，产品更新能满足客户需求，产品就会得到用户的认可。产品销量上去了，品牌知名度自然就打响了。如果不把客观影响的因素考虑进去，只想快速打响品牌，最后只会适得其反。

（2）团队定力不够

一些团队的领导者经常看到别的领域发展得红火，就开始羡慕，然后就盲目地进入另一个领域了。行业没有好坏贵贱之分，比方说，做石油的能成为世界巨富，做餐饮也能富甲一方；做消防产品的企业可以盈利，做大众交通工具未来也不可限量。因此，领导者只要专注于自己擅长的领域，做最擅长的事，发挥团队的最大优势，就一定可以成功。

（3）领导者急功近利

俗话说："人为财死，鸟为食亡。"追名逐利的心每个人都有，哪有团队不想做大做强的呢？在这种思想驱动下，就形成了"不管以后怎样，先把钱挣回来"的荒诞想法。其实，只要领导者能带领团队专注于同一个领域，不断地学习、创新、发展，团队一定会得到长久的发展。最开始团队处于积累期，发展的步伐会稍微慢一些，一旦积累足够时，团队就会迅速发展。任何团队都需要经历厚积薄发的过程。

（4）集体缺乏自信

一些团队的领导者由于自己原本没有从事过这个行业，所以缺乏信心，觉得自己不能胜任这个行业的工作，但是想转行又不甘心，于是就在患得患失中消耗掉了团队的竞争力。

如果领导者发现团队真的不适合这个行业，及时改行是完全可以的，这是个人的权利。但是，既然决定改行就要行动迅速，不能拖拖拉拉，当转到自己擅长的领域中时，就要甩开胳膊加油干。如果感觉自己还能驾驭目前的行业，就安下心来好好经营，做到心无旁骛，边学习边进步。"世上无难事，只要肯登攀"，领导者只要努力就一定能把团队管理好。

第七章

积极行动：好领导让团队工作更高效

　　管理的最终目标是提高和发展生产力，而这一目标必须通过调动员工的积极性与主动性，以及有效地提升执行力来实现。领导者抓管理，就是要通过管理让员工形成务实的工作作风，提高执行能力，从而在不找借口、不折不扣的工作行动中提高实际成效。

优秀团队建设：创造每一个员工都想要归属其中的组织

1. 遇事应该果断地做出决定

如何考验一个领导者的领导力和情商？最好的办法是看他在面临危机时如何处理问题。一个优秀的领导者，他的能力和才华，就是在处理危机时一步步提升的。作为领导者，面对突如其来的危机，假如消极应战的话，恐怕只会让问题越来越严重。领导者只有保持大敌当前、临危不乱的态度，处事果断，才能轻松解决问题，从危机中走出来。

> 有一名记者在采访一位企业高管时，问了这样一系列问题。
> "您的企业遇到过危机吗？"记者问道。
> "当然了，经营企业遇到危机是难免的。"他回答。
> "那么，您在面对危机时，是如何处理的呢？"
> "立即作出决策，马上行动。"这位高管回答。
> "当您遇到资金链紧张，或者其他方面的压力时，您如何解决呢？"
> "立即作出决策，马上行动。"他依然这样回答。

"立即决定，马上行动！"他给这名记者的答案只有这一句话。"立即决定，马上行动"是一种行为习惯，一种处理问题的态度，果断的行动力也是一个优秀领导共同的特点。假如你有一个好方案，马上行动的话，不一定能有一个好结果，但是如果你不行动，就一定是不好的结果。

当团队出现危机的时候，领导者要明白一点，速度高于一切，及时做

第七章 积极行动：好领导让团队工作更高效

出决定，确定应对方案，这样才能第一时间弄清危机的原委，把损失降到最低。假如你没有火烧眉毛的危机感，依然优柔寡断，那么注定会被危机打败。

有这样一个故事。

有两个孩子在山上玩耍，可是迷路了，误入了一个山洞，发现有两只小熊崽。两个孩子一人抱一只熊崽爬上了大树，两棵树之间距离仅有十几米。

没过多久，母熊回来了，走进山洞发现两个熊崽都不见了，就出去寻找。一个孩子坐在树上狠狠地打熊崽的脑袋，小熊疼得嗷嗷直叫，母熊抬起头，发现自己的孩子被人抱到了树上，十分生气地在树下嚎叫，想要把自己的孩子救下来。这时，另一棵树上的孩子狠狠地揪小熊的耳朵，那只熊崽也疼得嗷嗷大叫，母熊听声回头一看，发现另一个孩子也被抓跑了。

母熊更生气了，想要爬上树救下两个熊崽，但是先前的孩子又开始打小熊的脑袋，小熊又开始哀嚎。母熊听到小熊悲惨的叫声，来到第一只小熊的树下，刚准备上树，又听到另一只小熊的嚎叫，母熊又回到第二个熊崽的树下。

就这样，母熊不停地奔波于两棵树之间，最后活活累死了，也没救到两只熊崽。

故事中的母熊之所以会被累死，原因就是它想把两个熊崽都救下来，不知道取舍。然而，假如它能忍痛割舍一只，至少能救下一个熊崽。

虽然这只是一个故事，但也反映了一些企业的现状，大多领导者面临危机时优柔寡断，瞻前顾后，迟迟拿不定主意，最后，只能看着问题像滚雪球般越滚越大。

作为一个领导者，领导一个团队，每一个决策都关系着团队的生死，

优秀团队建设： 创造每一个员工都想要归属其中的组织

谨慎对待是正确的。但谨慎对待也要有度，不能过分谨慎，思前想后，迟迟不做决定，那样会延误良机，会让团队成员摸不着头脑，会彻底摧毁团队的战斗力。

危机来临，领导者更需要快刀斩乱麻的行事作风。其实，在危机来临时，再有经验、有能力的人也会有段时间大脑空白，不知道该如何下手。但作为企业的领导者，别人可以大脑空白，可以不知所措甚至妥协，但是领导者不行，就算是不能马上想出应对之策，也要表现出坚毅不屈、冷静豁达的状态，迅速拿出一些办法，就算不能实际地解决问题，但是领导者气定神闲的状态会给员工一颗定心丸，让员工原本慌张的内心冷静下来。同时，领导者处变不惊的态度，也给了员工十足的信心，让员工全心全意地陪领导者渡过风雨。

危机来临之前没有任何征兆，因此才叫作"危机"。当危机发生时，切勿惊慌失措，第一件事情是要组织有能力的员工成立临时处理小组。危急时刻更能彰显一个领导者的能力，勇敢地带领队伍披荆斩棘，乘风破浪，这才是有勇有谋的领导者该有的作风。

作为一名合格的领导者应该具备果断决策的能力。这对大部分领导者来说是非常自然的事情，但是，对小部分人来说，艰难的抉择会造成他们长时间的犹豫不决，此处存在着一个主要的原因——恐惧。

能否果断地做出决定，是对一个领导者情商和智慧的双重考验，这需要大家在工作中慢慢摸索，慢慢学习。对于这一点，领导者该如何做呢？

(1) 调查研究，深入了解问题的本质

这一点是领导者正确做出判断的基础。作为领导者，我们需要有独立思考的能力，积极寻找解决问题的方法，但是，这并不代表什么事情我们都可以擅自做主，不和团队进行讨论就贸然行事。仅凭个人的力量是解决不了问题的，一个人在团队中的进步离不开大家的帮助，哪怕是领导者。危急关头，更要集思广益，多多听取他人的意见，深入了解问题的本质，找准危机的关键，服从团队的统一决定。

（2）找出优先事项

找出影响自己决策的原因，权衡这些原因之后，做出正确的决定。有位管理大师曾说："它们也许会是对短期财务的影响，对长期财务的影响，对人的影响，对经济增长的影响，以及对文化的影响，权衡上述各领域的利弊。最后，排除相对不重要的因素。"

（3）决定做决策的最后期限

作为一名管理者，你可能并没有针对特定决策的最后期限，但不要让这个期限无限期延长。管理学大师斯坦布莱施尔建议说："让你的工作团队以及至少一位心腹或指导者知道时间限制，以便能够让你对决策时间负责。如果你特别不愿意承担风险，就请你的心腹在你迟疑的时候向你提出质疑和说明。"

（4）停止造成混乱的会议

会议能够有助于获取信息，但大多会议只会让你回避做出决策。另外，毫无意义的会议浪费的不仅是你的宝贵时间，也是你整个团队的时间。

（5）大事情上不糊涂

遇到重大决策需要领导者马上做决定的时候，一定不能被突如其来的阵势吓到，困难像弹簧，你弱它就强，领导者还是要头脑冷静，多想几套方案。这样就能快速把一个"没头脑"的领导者，变成有思想，有决断的管理高手。

（6）要敢于承担责任

领导者的职位本身就是一种责任，领导者要有担当才能做决定。金无足赤，人无完人，也许领导者做出来的决定不一定正确，但只要不耽误团队的前进道路，失败也是一种经验，失败也有它的正面意义。

一个高情商的领导者，肯定是一个高效的人；一个高效的人，肯定是行动果断、绝不拖延的人。在企业出现危机之后，一定要尽快处理。假如领导者一定要等到"万事俱备"才肯做决定，但是"东风"迟迟不来，结果可想而知。

2. 培养一支有主动性的团队

一个优秀的团队表现为每个成员都能做好自我管理、提高主动性、不断鼓励自己奋发向上，为团队的壮大贡献自己的力量，督促自己和团队一起成长。

提高员工主动性是卓越团队领导者必须具备的第一要素。每个领导都希望自己带领的是一支有主动性的队伍，假如领导者每天都在督促员工完成工作，不仅会浪费自己的时间，员工也会感觉不受尊重。员工的潜意识会认为，总是被领导催促是因为自己做得不够好，效率太低，不然领导为什么一直催促自己呢？

如果领导者让员工觉得自己在团队中没有受到尊重，那么就算这位员工的薪水再好，也不会让员工的内心产生感激。每一名员工都渴望受到尊重，领导者的赞赏就是对员工最大的尊重。当员工觉得领导是尊重自己的，信任自己的，他就会从内心散发出无限的工作激情，这样的工作激情，可以让员工提高工作效率，给企业交一份满意的答卷。

领导者培养员工主动性最好的办法，就是让员工参与到实际工作计划的制订中。并且，和员工真诚交流，让员工体会到自己的真心和信任。所以，领导者和员工之间的关系不是管理和被管理，而是相互依存，互相扶持的关系。大家有了共同的目标，才能从根本上提升员工的主动性。

海尔的首席执行官张瑞敏说："为自己奋斗，和为老板奋斗，有本质的区别。提高员工的主动性就是把员工的想法由'为老板奋斗'改变为'为自己奋斗'。"

第七章　积极行动：好领导让团队工作更高效

　　张瑞敏觉得，企业对员工的责任不仅仅是为员工提供一个工作岗位，按时发给员工薪水，还要为员工的创造性想法提供机会。

　　想要建造一只有主动性的队伍，领导者必须改变自己想管理一切的心态，不要什么事都想插一脚，领导者适时退居幕后，适当交出权力，就能提高队伍的主动性，何乐而不为呢？

　　张瑞敏认为，企业领导者的主要任务不是去发现人才，而是去建立一个有主动性的团队，并维持整个团队的健康持久运行。这种人才机制应该给每个人相同的机会，把静态变为动态，把相马变成赛马，充分挖掘每个人的潜质；并且每个层次的人才都应接受监督，压力与动力并存，方能适应市场的需要。

　　另外，海尔内部采用竞争上岗的原则，空缺的职务都在公告栏统一贴出来，任何员工都可以参加应聘。海尔还建立了一套较为完善的激励机制，包括责任激励、目标激励、荣誉激励、物质激励等。这对于处处感到压力的海尔员工来说，无疑起到一种心理调节的作用。

　　当然，领导者也要好好把握放权的度，提高员工主动性，不是让员工放飞自我；适当放权，不是让领导者当"甩手掌柜"。领导者必须从实际情况出发，合理地激发员工的主动性。

　　领导者要想提高团队的主动性，就要让"团队"有为，领导者必须退居幕后，把团队推到台前，发挥团队的力量。

　　在团队开始进行工作后，领导者必须放手，让团队成员自主发挥，自己完成自己的工作，领导者只需要对最后的结果及时进行考核就行了。一个真正合格的领导者，不在于他能做多少事，做了多少事，而在于他是不是真的了解自己员工的长处和短板，是否能在对的时间派对的人做对的事情，这是提高团队主动性的前提。

　　戴尔公司创始人麦克尔·戴尔在大学时期就创立了戴尔计算机公司，他为了经营好自己的公司，毅然退学。刚开始创业时，

优秀团队建设： 创造每一个员工都想要归属其中的组织

戴尔的工作非常多，常常工作到深夜。那个时候，公司的钥匙一直放在他手里，公司九点上班，他必须在九点前赶到公司，否则员工只能在大门外等候。但是，因为前一天熬夜加班经常睡过头，员工常常要在大门外等很久他才会来，这让大家很不满意。

发生过多次这样的事件后，员工渐渐了解了老板的作息时间，有的十点多才来上班，有的干脆等下午再来，工作主动性已经完全丧失。戴尔跟员工强调过很多次，上班要准时，可是员工们说："钥匙在你那里，你都不准时开门，我们怎么准时上班？"

戴尔无话可说，他意识到公司的管理已经出现了问题，必须要做出改变。有一天，公司例会时，戴尔宣布从第二天起，每个人都配备一把公司钥匙，上班时间是上午九点不做改变，以后谁来的最早，谁就开门，上班不允许迟到，只要迟到，就要接受处罚。

从那天起，公司员工再也没有迟到过，工作积极性和主动性都有了很大的改观，戴尔再也不用为员工不按时上班而发愁了，他每天可以放心地加班了。

• • • • •

麦克·戴尔的案例告诉我们，领导者应该充分信任员工，尊重员工，让员工自己去解开工作中的一把把锁，提高他们的主动性。领导不能永远操控员工的工作，这样下去，员工根本得不到发展，还会磨灭领导者的信心。

那么对于领导者来说，要如何建立一支有主动性的队伍呢？

（1）给团队营造一个良好的团队文化

一个优秀的团队，必须用积极向上的团队文化来引导员工的行为。在团队运行的过程中，要善于总结已有的工作经验，比方说：团队使命、既定目标、团队精神等，然后通过完善团队制度、提升领导者管理能力等方式，传达给员工，塑造员工积极主动的工作态度，让他们带着饱满的热情开始一天的工作。这样,团队才具有主动性,才能让工作高效率持续得更久,团队才会有良好的发展。

(2) 给团队建立完善的制度作保障

领导者不要觉得提高了团队的主动性,就可以高枕无忧了。我们假设这样一种情况,如果没有了制度约束,员工还能主动工作吗?员工在工作中会用心吗?没有了制度,也就意味着没有了约束,做对了没有奖励,做错了没有惩罚。员工恪尽职守得不到表扬,工作出了错误也不会受到追究。时间长了,团队的整体作风一定会自由散漫,这就和激发员工主动性的初衷背道而驰了。

所以说,规章制度是团队各项工作得以正常进行的基本保证。团队成员在严格的规章制度的管理下工作,团队才能有条不紊地前进。也就是说,团队必须在经过制度管理之后,才能慢慢向无为而治进发。这是一个循序渐进的过程,是一个从量变到质变的飞跃。

(3) 领导者要善于发挥自己的影响力

团队的高效运转,大部分靠团队制度的推动,只有一小部分靠领导力来推动,这样的团队才会把大家的力气拧成一股绳。优秀的领导者既要有颇具远见的战略眼光,也要有缜密细腻的短期策略。领导者要善于发挥自己的影响力,激励和引导下属发挥才能,带领全体成员高效、完美地完成确定的目标。

培养一支有主动性的团队,对每一个领导者来说是势在必行的,只有当员工能够在工作过程中发挥了主动性,团队才能持续不断地发展。可见,对于领导者来说,了解员工主动性的本质,掌握提高员工主动性的方法,是一件任重而道远的事情。

优秀团队建设：创造每一个员工都想要归属其中的组织

3. 积极地将信息分享给团队成员

传统商业时代和现代商业时代，最大区别就是信息更迭的速度，现在的商业信息一天一个样。领导者积极地把得到的情报分享给团队成员，是帮助团队在竞争中站稳脚跟的最有利的法宝，这一方法的好处非常多，可以降低团队沟通成本、增强员工的团队意识等。反之，如果信息不透明，会使团队成员之间的信任度不高、增加"等待"时间，这是一些团队失败最主要的原因。

从某种意义上讲，信息交换已成为现在员工潜意识的重要部分，是团队建设的重要组成部分。作为一名企业管理者，要尽可能地与员工们进行信息交流，使员工能够及时了解管理者的所思所想，领会上级意图，明确责权赏罚。避免推卸责任，彻底放弃"混日子"的想法。而且，员工们知道的信息越多，理解就越深，对企业也就越关心。一旦他们开始关心工作，他们就会爆发出数倍的热情和积极性，形成势不可当的力量，任何困难也不能阻挡他们。这正是信息沟通的精髓所在。

> 美国沃尔玛公司总裁萨姆·沃尔顿曾说过："如果你必须将沃尔玛管理体制浓缩成一种思想，那可能就是信息沟通。因为它是我们成功的真正关键之一。"
>
> 沟通就是为了达成共识，而实现沟通的前提就是让所有员工一起面对现实。沃尔玛一直致力于通过信息共享、责任分担实现良好的团队沟通交流。

沃尔玛公司总部设在美国阿肯色州，公司的管理人员每周花费大部分时间飞往各地的商店，通报公司所有业务情况，让所有员工共同掌握沃尔玛公司的业务指标。在任何一个沃尔玛商店里，都定时公布该店的利润、进货、销售和减价的情况，并且不只是向经理及其助理们公布，也向每个员工、计时工和兼职雇员公布各种信息，鼓励他们争取更好的成绩。

沃尔玛公司的股东大会是全美最大的股东大会，每次大会公司都尽可能让更多的商店经理和员工参加，让他们看到公司全貌，做到心中有数。萨姆·沃尔顿在每次股东大会结束后，都和妻子邀请所有出席会议的员工约2500人到自己的家里举办野餐会，在野餐会上与众多员工聊天，大家一起畅所欲言，讨论公司的现在和未来。为保持整个组织信息渠道的通畅，公司还全面注重收集员工的想法和意见，通常还带领所有人参加"沃尔玛公司联欢会"等。

萨姆·沃尔顿认为让员工们了解公司业务进展情况，与员工共享信息，是让员工最大限度地干好其本职工作的重要途径，是与员工沟通和联络感情的核心。而沃尔玛也正是借用共享信息和分担责任，适应了员工的沟通与交流需求，达到了自己的目的：使员工产生责任感和参与感，意识到自己的工作在公司的重要性，感觉自己得到了公司的尊重和信任，积极主动地努力争取更好的成绩。

沟通的管理意义是显而易见的。如同激励员工的每一个因素都必须与沟通结合起来一样，企业发展的整个过程也必须依靠沟通。可以说，没有沟通，企业管理者的领导力就难以发挥积极作用，没有顺畅的沟通，企业就谈不上机敏的应变。

如果企业管理者不信任自己的员工，不让他们知道工作的进展，员工就会感觉自己被当作"外人",轻则会打击员工士气,造成部门效率低落;重则使企业管理者与员工之间,形成相互不信任的敌意,产生严重隔阂,无法达成共识。当然,管理中的沟通误会,并非都出自企业管理者与员工之间的隔阂,缺乏共同的沟通平台,往往也会造成沟通误会。

微信、QQ等即时通信软件比较适合用来传递日常的工作信息,比方说开会时间,放假时间等。

另外,在用邮件进行信息传递时,领导者有必要给邮件规定一个统一格式,如所有会议资料邮件主题都设置为"某某会议讨论资料"。这样,团队成员可以迅速对邮件进行过滤,提高工作效率。

虽然,每个领导者都希望自己的员工能够独当一面,为团队开辟更广阔的市场空间,但是对领导者来说,他们更希望自己的团队是一个团结的团队,整体的团队,正如歌中唱道:"一支竹篙呀,难渡汪洋海,众人划桨哟,开动大帆船。"一个人势单力薄地撑一支竹篙,想要渡过汪洋大海,简直是天方夜谭,但是,如果你把这个消息告诉伙伴们,让他们一起来划桨,有什么地方是到不了的呢?

不管领导者的能力有多强,之前做出过多么优异的业绩,想要保持这样的状态,就要学会和员工合作,积极分享自己得到的消息,只有这样才能获得员工的支持,才能带领团队走向更美好的未来。

4. 别让拖延症影响整个团队

作为领导者,在平常的工作中一定遇到过这样的现象:我们把工作任务布置给下属,也规定了任务完成的最迟时间。刚开始,大部分员工都不

第七章 积极行动：好领导让团队工作更高效

把这件事放在心上，总是把工作拖了又拖，等到规定时间临近了，才发现自己的工作还没完成。这时，员工着急了，手忙脚乱地开始赶工，甚至没日没夜的加班。最后的结果是，工作质量低下，甚至没办法如期完成任务。

小清是一家广告公司的平面设计师，每次接到一个项目，小清习惯于翻阅之前经手的相似案例及设计范本仔细揣摩，但是对于项目本身却迟迟不动手去做，直到离交工还有几天的紧急时刻才会争分夺秒地仓促应对。每次小清都非常焦虑，明知道拖拉的坏处，却一再重蹈覆辙。

"从工作清单中挑最不重要的事情做；越重要的工作拖延得越久""在离任务完成期限还有二十天的时候一点也不着急，直到最后五天才开始做""每次开工都要整点开始，一点半、两点、两点半，却迟迟无法动手"，这就是职场拖延症的典型表现。如今，"拖延症"已经成为很多员工的通病，让企业和领导都很头疼。作为领导者，逐渐把清除"拖延症"当成日常工作非常重要的一部分。克服"拖延症"，提高工作效率，团队才能不断向前发展。那么如何来治愈这种职场"顽疾"呢？

想要克服拖延症，我们可以从以下几点入手。

（1）把一件大任务划分成若干个小任务

很多人之所以有"拖延症"，是因为工作任务太难，太复杂，或者领导者没有把工作要求说明确，在这种情况下，大多数员工就会开启"混点模式"，把今天的工作拖到明天，明天的工作拖到后天。

这时，领导者可以把一件非常复杂的任务进行合理划分，然后根据划分的结果给员工安排工作。当员工把一个个小任务完成后，不就等于完成了这一个大项目吗？并且，在小任务的完成过程中，领导者应该给员工一些鼓励，让他们更高效、更卖力地工作。

(2) 最困难的工作最先完成

在大多数人的潜意识里，都想先享受，再"受罪"，他们不知道什么叫"先苦后甜"。正是因为这种贪图享受的心理，让很多人被当下的安逸蒙蔽了双眼，他们始终体会不到辛苦努力之后的满足感，也正是这个原因，让大家把艰苦的工作甩在一边，慢慢就形成了"拖延症"。

因此，领导者也可以从这个方面着手，在开始一天的工作之前，列一个"当日清单"，把最困难的工作安排在最先完成，然后再给大家安排一些比较容易的工作。这样，既把工作效率提高了，又有效地阻止了"拖延症"的形成。

(3) 尽全力不受外力因素干扰

曾经有一项调查研究表明，网络已经成为大部分员工工作效率低下、拖延工作的罪魁祸首。有相当一部分员工宁愿浪费时间上网、刷微博，有时甚至只是漫无目的地瞎逛，也不想把注意力放在工作上。领导者应该针对这一现象，改变员工对互联网的沉迷状态。

(4) 不要过度追求完美主义

完美主义者也是"拖延症"的常客。这些员工之所以效率低下，是因为他们事事要求完美。工作虽然做完了，但是他们总是觉得少点什么，或者资料不完善，或者文件不理想。针对这样的员工，领导者应该告诉他们，世界上没有完美的事情，因此要对自己的能力有清晰的认识，不要自视太高，也不要妄自菲薄，工作既不用苛求完美，也不能疏忽大意。

(5) 给员工制造一些紧迫感

通常，当员工对眼前的工作失去兴趣，或者没有信心的时候，他们对于这件工作的紧迫感也就降低了。而且，更让人感到忧心的是，他们也不会改进，绝望离他们越来越近。

对于那些新手领导者来说，让员工充满紧迫感是一件非常困难的事情。许多管理者在刚刚上任的时候喜欢对员工上"思想课"，反复强调执行力的重要性，鼓舞士气，希望能激励员工的主动性。一般来说，这些方式或许能激起员工的紧迫感,却不能让这种感觉持久。工作忙碌的领导者们常常希望有简便的方法能够纠正员工"拖延症"的习惯,但这是一件战线很长的工作,不是一朝一夕就能完成的。

要解决这个难题,并得到自己预期的效果,领导者们应该怎么做呢?

我们来做个心理测试:如果一名团队成员将项目推迟到最终期限之后,你会怎么做?

A.认为他有太多事情要做,因此减轻他的工作量,使他可以集中更多精力做好手头的任务。

B.设定新的最终期限,但不减少他的任务数量。

你的选择一定是 A 吧,其实 B 才是正确的选择。著名心理学家史蒂芬教授指出:"当人们错过最后期限时,通常会感到非常惭愧。他们的内心十分愧疚,甚至还会感到难堪。"然而,这些情绪会让人们变得非常低落和消极。只要他们对一项任务产生了不良情绪,他们的工作效率一定会变得非常低下,任务也不一定能按时完成。

史蒂芬教授曾经做过一项研究,这项研究颠覆了传统对"忙碌"的定义。在大众眼里"忙碌"就是做不完的工作,签不完的文件。史蒂芬教授说:"我并不建议管理者给一个员工安排过多的工作,因为在这种情况下,员工会被大量的工作压得喘不过气,无法正常工作。但是,领导者也不能让员工的工作过分轻松,这样只会助长'拖延症'的嚣张气焰。"

天空不会有两片相同的云彩,企业也不可能存在两个相同的团队。因此,领导者而要根据自己团队的具体情况,作出改进措施,提高工作效率,彻底摆脱"拖延症"的困扰。

优秀团队建设：创造每一个员工都想要归属其中的组织

5. 高调当好领导，才能高效地执行

在现代企业，没有哪个团队不注重执行力、不强调高效执行的。但是，在执行的过程中，有一个重点绝对不能忽略，就是领导的领导力。作为领导者，假如你没办法很好地指导员工的工作，员工怎么落实你分配的任务呢？整个团队的执行力又如何体现？

美国《财富》杂志做过统计，企业所制定的战略只有不到一成被有效地执行过，而在那些失败的战略中，有七成是因为执行阶段出了问题。

领导力是执行力的根本。作为领导者，你要求员工所执行的工作，他们真的清楚应该如何完成吗？在执行之前，你是否结合他们所处的岗位，和他们一起探讨执行过程中的具体细节？在执行中，你自己把监管工作做到位了吗？当员工执行不力时，你除了发挥领导的威慑力，有没有对员工提出一些建设性的意见？

一个优秀的领导者，绝不仅仅是管人这么简单，相反，一个优秀的领导者应该把注意力放在任务执行过程、改进执行方法上。一味地批评员工的执行力低下，只能说明领导者自己都没有做好表率。并且，从因果关系上来说，因为没有良好的领导力，所以才耽误了员工的执行力，领导者承担的责任更多。

员工执行力的强弱，不仅仅取决于员工的信念。面对不同信念的员工，领导者应该用不同的领导方式和教育模式，帮助员工寻找工作规律，改进执行方法，尽快达成工作目标。

由于信息的不对称，领导者掌握的信息比员工多得多。这些讯息包括

第七章 积极行动：好领导让团队工作更高效

来自市场、高层管理人员甚至董事会的讯息。

由于职位的影响力，领导者也比普通员工能更快发现隐藏在工作中的较大隐患。有些困难在员工看来是绝对解决不了的。但是在领导者眼里就是小菜一碟，轻轻松松就能想办法解决。

并且，由于事实上的上下级关系，领导者和员工在团队内部已经形成了"传递、互帮、带动"的关系，而这种关系是很难让外人介入的，哪怕是更高阶层的间接领导。因此对于领导者来说，又多了一份职责。简单来说：你的团队你不领导，谁来领导？

> 安东尼·罗宾是著名的成功学家，在他的公司里有一位管理者，名叫乔吉·可辛。
>
> 乔吉·可辛在平时的工作中从来不会随意表扬或者批评员工，也不会动不动就对员工说"你真棒！""简直完美！""特别好！"这样的空头评价，但是他在员工确实做出出色成绩的时候，一定会具体指出来，并且把这位员工的贡献公之于众，让每个员工都感受到他的成功，让受表扬的员工内心得到了极大地满足。
>
> 同样，当员工做错事情的时候，乔吉·可辛也不会仗着自己是安东尼·罗宾的得力干将，以及自己的公司地位来压制员工，而是耐心跟员工沟通，动之以情，晓之以理，以柔和的方式指出员工的错误，并给予及时有效的指导。
>
> 乔吉·可辛经常在工作中给员工们讲述安东尼·罗宾的故事，增加团队的凝聚力。在日常的工作中，乔吉·可辛也身体力行地带领员工完成各项工作，以"一个人"的形象，体现出无比团结的工作效率！

管理者提高自己领导力的重点，是要给员工一些建设性的意见和引导，并且不用自己的强权压制员工，强迫他们接受自己的管理方式。管理

优秀团队建设：创造每一个员工都想要归属其中的组织

者要鼓励员工多多提出自己的想法，并且尊重员工的意见，接纳员工的失误，允许员工犯错误。

"联想"是我国著名的电脑公司，"联想"之所以能取得今天的成就，离不开该企业大量的人才。"联想"是如何吸引这么多人才，并为己用的？这离不开他们"多一点言传身教，少一点权势压人"的管理原则。领导者严于律己，宽以待人，尊重每位员工，从来不仗势欺人，这使得大量人才愿意留在联想，为联想服务，奉献自己的青春。

其实，不摆领导架子、不以权压人的管理原则，其实就是"以人为本"，也意味着领导者对员工有着充分的信任。不要对员工的工作方式指手画脚，也不要任意干涉员工的行为。

具备领导力的管理者，不仅会大手一举，指点江山，还能够指出路要怎么走。只会纸上谈兵，听报告的领导者，最后员工的执行结果一定不尽如人意。最后他收到的，大部分一定是不好的消息，更悲剧的是，当他收到这些消息的时候，生米已经煮成熟饭了。

著名企业家裴洛认为，领导者应该有这三项重要职责：

第一，照顾客户；

第二，赚取利润；

第三，领导员工完成前两项工作。

裴洛说得很有道理，领导者必须要先扮演好老师和教练的角色，最后才能做自己。

通常来说，优秀的领导者没有必要事事须知，他只要提出问题，让员工自己去思考应该怎么执行。通过这样的方式来培养员工，不但能让员工学到领导者丰富的经验，还能激励员工跳出自己的思维定式。优秀的领导者不但不会打压员工，反而可以帮助他们提高自己的执行力。

实际上，领导不仅是领导，他还是一个好老师和好教练，并且领导能力一定很强。假如领导者只顾着自己做事，弃团队执行力于不顾，是不可能取得成功的。

传授丰富经验，指导员工工作是领导者提升自身领导力的一个重要部分，命令员工完成工作和指导员工完成工作是有本质的区别的。优秀的领导者，善于高调指导，利用每一次和员工沟通的机会指导员工，提升员工的工作积极性。

第八章

建设团魂：提升团队凝聚力

在优秀的公司中，每个领导都具备相当的"领袖气质"。这种领袖气质会转化成鼓励、开放、认可、公平、诚恳等团队气质，使团队的力量都集中到一起，涌动着积极向上的生命力。

优秀团队建设：创造每一个员工都想要归属其中的组织

1. 没有团队文化的团队就是一盘散沙

联想、通用、微软、宝洁、高胜、沃尔玛，这些企业领先于全球，并且归属不同的行业。它们有各自的历史，组织规模和运营方式也截然不同。但是这些伟大的企业都拥有相同的成功因子，那就是它们有十分优秀的企业文化。它们的企业文化都有惊人的相似之处，都强调以人为本，重视沟通，鼓励创新，把顾客的需求放在第一位，始终向顾客提供一流的产品和服务，并且重视企业和员工的学习与成长。很多企业能够盛极一时却无法长久，是什么使它们最终走向衰败？归根到底还是因为企业文化，没有优秀的企业文化，企业最终会走向衰落。

什么是企业文化？企业文化是团队的内核和灵魂，是企业特有的价值观，是企业经营的方法论。它还有这样一些外延：精神面貌，知识结构，文化礼仪，信息环境和员工心态等。随着时代的不断进步，商业环境也日益成熟和完善，越来越多的企业经营者们意识到了企业文化的重要性。

（1）企业文化有凝聚功能

企业文化是黏合剂，可以把员工紧紧团结在一起，使他们目的明确、协调一致。企业的根本目标选择正确，就能够把企业的利益和绝大多数员工的利益统一起来，形成强大的凝聚力。

（2）企业文化具有激励功能

激励是一种精神力量和状态。企业文化所形成的企业内部的文化氛围和价值导向能够起到精神激励的作用，将职工的积极性、主动性和创造性调动与激发出来，使员工都能找到奋斗目标和发挥才华的平台，事业的美好前景发挥了最好的激励作用，能力得到充分发挥。

(3) 企业文化具有导向功能

企业价值观与企业精神，能够为企业提供具有长远意义的、更大范围的正确方向，为企业在市场竞争中基本竞争战略和政策的制定提供依据。

(4) 约束功能

企业文化、企业精神对那些不利于企业长远发展的不该做、不能做的行为，常常能发挥一种"软约束"的作用，为企业提供"免疫"功能。

(5) 塑造形象作用

优秀的企业文化向社会大众展示着企业成功的管理风格、良好的经营状况和高尚的精神风貌，从而为企业塑造良好的整体形象，树立信誉，扩大影响，是企业巨大的无形资产。

要提高员工技能与素质，调动员工积极性和主动性，增强企业向心力和凝聚力，都离不开优秀的企业文化。先进的企业文化能够把团队中所有成员紧密团结在一起，并产生强大的向上的力量，使企业的各项经营活动高效地开展。在客观条件相差无几的两个企业中，企业文化的好坏对于企业发展的影响是巨大的，企业文化的优劣会导致两个企业走向两种不同的结局。先进优秀的企业文化对任何一个企业都是宝贵的精神财富，能够为企业带来蓬勃的生机与活力。可以说，优秀的企业文化是企业的关键竞争优势。

很多企业的员工说："企业文化是更高层面的东西，不是我能决定的。"企业文化的缔造者和引领者的确大都处于组织的领导层，当企业文化已经成型后，的确不是某一个人就能随便调整的。不过作为一个企业的员工，之所以选择这家企业，愿意为企业发挥自己的力量，就说明你对这家企业的企业文化是认同的。企业文化需要每一个员工的认同，因为他们是企业文化的建设者和践行者。而领导是企业文化的传递者，是企业文化落地和渗透过程中的传递者，领导能引导企业中的正能量，也能及时消除负能量，能引领员工对企业文化的认同。要形成优秀先进的企业文化，员工和领导都不能缺席。

优秀团队建设：创造每一个员工都想要归属其中的组织

我的一位朋友前段时间从一个待遇很不错的公司离职了，我对他离职的原因感到好奇。

我问他："你之前供职的那家公司硬件可以说无可挑剔，薪酬也很不错，而且据我所知各项规章制度也很完善。虽然是外企，但是福利待遇丝毫不比大型国企差，你当时为什么会选择离职呢？"

朋友说："的确，以我当时的资历，能进那家公司让我周围的朋友们都很羡慕。但是我在进公司半年后才发现公司的氛围和企业文化让我感到厌倦。那些弊端和缺陷是让我无法忍受。"

"能具体聊聊吗？"

"因为那是一家外资公司，所以公司的大老板基本上是个甩手掌柜，整个公司的运行就靠一套僵化的管理模式和制度来维持。公司就像一台老化的机器，没有丝毫活力，也让人感受不到企业的文化氛围。各个部门之间勾心斗角，部门各个领导之间，员工和员工之的关系都非常冷漠。而这种各部门各自为政的氛围与我本身开朗外放的性格不相符。我希望公司氛围是所有员工和睦相处，保持良好沟通。但是在那家公司里，大家虽然处在同一个办公室，可是见面基本不打招呼。彼此间除了工作什么都没有，这种冷漠的氛围让我感到难以承受。而且在我工作期间，我的上司也从没有和其他部门的领导有过良好的沟通。"

"让我印象深刻的是，有一次在员工餐厅，我和上司正在用餐，另外两位市场部经理也走进来。那两个人一句话不说，我的上司与我保持沉默，彼此都很漠然。那短短的几分钟，让我感到的是令人窒息的冷漠和尴尬。"

这个案例中展现的正是充满消极力量的团队状态。

我们来看看这家公司，人际关系冷漠，各部门领导之间矛盾很深，部门之间也有利益纠葛，并且各自为政，管理模式僵化，这些问题都严重阻碍了企业文化中正能量的形成。员工每天面对的都是负能量，长此以往他们就感受不到在公司工作的价值，进而选择离开。

需要指出的是，企业中的负能量有时候是个别员工的不当行为造成的，这并不意味着整个企业都充斥着负能量。不过，如果整个企业环境都默认了这种不当行为，员工和领导都不作为，并且已经司空见惯，那这家企业的企业文化必定是存在问题的。

一个员工初次进入部门或公司，他对于企业文化的印象和直观感受都是从自己的上司那里来的。如果企业的领导者言谈行为粗俗，为人冷漠刻板，喜欢发牢骚，工作上过于保守、僵化，而且缺乏远见。那么员工一定会认为这是一个"僵化，缺乏温度"的公司。所以为了保护企业在员工心中的良好形象，促进员工对企业文化的认同，领导者一定要注意自己的个人形象，言谈举止和工作方法，并时刻注意提升自己的业务水平。

员工来到公司，是因为有能力胜任这份工作，却因为不适应公司文化而离开。这种现象如果频繁出现，公司人员流失严重，那么领导者应该好好地自我反省：自己在管理的过程中是否忽略了企业文化的重要性？是否忽视了企业文化的践行？是否忽视了培养员工对企业文化的认同？

好的企业文化要具备以下三个积极因子。

(1) 公平——企业健康成长的土壤

团队要健康发展，需要健康的土壤，这块土壤叫作公平。"公平"和"平等"是团队发展的根基，如果没有公平，那么企业的一切规章制度都是空中楼阁。所以"公平"这个因子是排在第一位的。保持公平就意味着企业内部不分高低贵贱，杜绝官僚作风。许多现代化的大公司都十分注重公平的原则。

企业领导者要让员工感到公平，要做到放下职位和资历，工作中一视同仁，不搞"特权"。

(2)透明——为员工创造归属感和认同感

透明开放的企业文化意味着无障碍沟通和更高效的管理，企业领导和员工能够更好地沟通和讨论工作问题，公司管理制度也会变得更加公平和开放。透明的企业文化鼓励员工畅所欲言，鼓励他们发挥自己的观察力和创造力，鼓励他们关注公司成长与发展。当员工对领导者的管理感到不满，或者对公司发展有建设性意见，都可以自由地表达出来。如果每个员工都做到关注自身，关注公司，关注同事，就表明员工把自己当作了企业这个大家庭的一分子。

(3)鼓励——让员工和企业共同成长

对于员工来说，工作能力和对企业文化的认同度同等重要，工作能力是纵向动力，而对文化的认同则是横向动力。员工对企业文化的认同和践行过程中，缺不了领导者的鼓励和引导。

如果员工能够充分地认同企业文化，那么就能迸发出惊人的工作热情，使个人能力得到成长。企业也能从员工对企业文化的诚实践行中得到成长。

2. 整合员工小目标，成就团队大目标

在一个团队里面，目标管理基本上是最重要的管理手段之一。对于团队的每一个成员来讲，有了自己的目标，才能跟随团队一起进步和成长，在成就自己的同时，也能成就团队。

当然，光有自己的小目标是不够的，必须要将所有人的小目标整合起来，形成团队大的目标，才能形成真正的凝聚力。员工小目标来自于大目

标,又推动着大目标。

管理大师戴尔·卡耐基曾经说过这样的话:"团队成员希望领导者或管理者能正确指引目标和方向;而领导者或管理者最希望员工能坚定地朝着目标努力。"但是,卡耐基还说过:"对于团队来说,有了目标,有了行动,也并不意味着就有了希望,更不意味着就会成功。"

这句话强调的就是目标的重要性,也说明了目标在团队中的巨大作用。目标不仅是公司或者团队下发给员工的任务,更是员工个人价值和团队力量在公司中的体现,每一个人都必须要参与,所有人都需要重视。但是,很多管理者虽然看到了重要性,却把团队目标和个人目标混为一谈,没有单独去将团队目标管理和个人目标管理区分开来。

整合员工小目标,成就团队大目标,让每个员工都能将个人目标与团队整体目标统一起来。如果没有这种所有人都能统一的目标,每个人都只管自己的个人目标,不管团队的目标,那么这个团队是不可能有良好的凝聚力的,自然也就不可能有好的发展。

优秀的团队管理者,除了意识到目标的重要性,更应该意识到"团队目标"的重要性。把每个人的小目标整合起来,经过统一的探讨、研究、计划,认真挖掘每一个人的潜能,充分体现每个人的价值,最终形成团队的目标。有了团队目标,才能在目标的指引下,让团队越走越远,越走越高。

(1) 团队目标要有助于实现每一个成员的价值

团队目标不仅是利润目标、增长率等冰冷的数字。如果只是这些冰冷的数字,员工是不会对工作产生积极性的。如果用物质奖励来激励员工,这种激励方法的时效性又非常短。毕竟,员工出来工作不单单是为了挣钱,还要实现个人价值。所以,领导者要鼓励员工寻找自己的个人价值,并且为每一个员工提供展示的平台。比方说,有挑战性的工作机会,提供富有竞争力的激励措施等。在这样的工作环境里,员工的自我价值能够得到最大程度的实现,员工会对团队更满意。在这种情况下,实现团队目标

优秀团队建设：创造每一个员工都想要归属其中的组织

还遥远吗？

（2）团队目标要以人为本

管理者不仅要把实现团队目标看作重中之重，还要多多关心员工的个人目标，接纳员工每一个合理的要求，尊重每个员工的差异性，让个人目标和团队目标完美结合，才能让团队的战斗力得到提高。

陈伟强经营一家小型食品公司，公司的业绩不断突破，员工工作热情高涨。在陈伟强公司会议室的墙上，挂着一张大白板，最上面一排大字写着公司的本年度目标，下面还有密密麻麻许多小字，都是每个员工的姓名以及他们个人这一年的目标。

每名员工的目标都不相同，有想涨工资的，有想出国旅行的，有想买房子的，有想结婚的，有想升职的，有想攒钱供孩子出国念书的，还有想给父母买车的……

陈伟强之所以会将公司的目标和员工的个人目标挂在墙上，不仅是为了提醒自己要为公司的目标而带头拼搏，而且还能让自己随时看到员工的目标并且牢记在心。等到与某名员工沟通时可以对号入座，激励员工努力工作，完成今年的个人目标。

陈伟强这样总结自己的管理方式，他说："如果没有员工的齐心协力，公司就无法生存下去。"

因此，管理者有责任、有义务帮助员工实现各自的目标。如果能够时刻关注员工的目标，并在适当的时候给予诚心诚意的帮助，员工会非常感激，回馈给公司的将比管理者投入的多很多。

（3）当个人目标与团队目标发生矛盾时，领导者要知道如何取舍

领导者可以尽最大的努力关照员工的个人目标，员工也可以以最大的工作热情实现团队的目标。但是，毕竟是利益为先，个人目标和团队目标一定有冲突的时候，该如何处理这种矛盾，对领导者解决问题的能力要求

非常高。

一般来说，管理者处于领导地位，都希望员工把工作和团队放在首位，保证集体利益不受损害。但是员工会觉得自己的利益本来就很少，假如再放弃，那不就等于零？员工一旦有这种心态，一定会消极怠工以获得心理平衡。

有的管理者一直坚持为员工着想的原则，不管团队利益有多重要，也会为了稳定军心、笼络员工而割舍集体利益，这是非常不恰当的做法。实际上，保障了团队的集体利益，就是在保证员工的个人利益。如果团队垮掉了，员工的个人利益从何谈起？

明智的领导者会在个人利益和团队利益发生冲突时，先衡量重要性，再确定牺牲哪一方。如果是牺牲团队的利益，领导者会毫不犹豫地为员工利益让路；如果要牺牲员工的个人利益，领导者就要做好员工的安抚工作，等团队渡过难关，再做弥补。

所以说，当需要牺牲个人利益为集体利益做出贡献时，作为团队的一分子，必须要有牺牲精神，一群自私的人是无法组成一个优秀的团队的。并且领导者要承认员工为集体做出了牺牲，在获得成就时，一定要和员工一起共同分享。

3. 一荣俱荣，培养集体荣誉感

在职场里面，职场人士的本质是追求自我的发展和价值的实现，那么放到团队里面也是一样的，团队成员各自实现其价值，团队自然有其价值体现。个人和团队是一荣俱荣、一损俱损的。

优秀团队建设：创造每一个员工都想要归属其中的组织

如果个人价值观不同，团队价值取向不一致，那么团队的目标、文化，自然也就是空谈了。只有所有的员工都把团队的价值取向视为自己的价值取向，把团队的得失视为自己的得失，对团队有高度的归属感和认同感，整个团队才能具备凝聚力和集体荣誉感。

团队成员只有具备了跟团队一样的价值取向，有了归属感和认同感，才能进一步有集体荣誉感，进而才能实现团队的共同目标，维护团队的共同利益。

在一个团队里，影响着团队成员归属感、认同感、集体荣誉感的因素很多，同时，这些因素也决定了他们的职业素养、敬业精神、工作态度和努力程度。这些因素包括很多方面，比如行业、平台、领导风格、薪酬水平、福利待遇、培训发展、成长空间、团队氛围，甚至可能还包括了工作环境、作息时间、离家远近等。只有在这些因素上达成了基本的共识，愿意维护并推动这些因素共同成长，才能让团队不断成长。

如果一个企业的管理者能在以上这些因素上下功夫、打造团队荣誉感，那么对团队成员来讲，就会有着强烈的隐形驱动力，建立起极其强大的认同感、归属感，进而还能对团队的目标、理念，产生统一而至高无上的集体荣誉感。不仅能让他们工作更加积极、更加充满热情，也能更好地让他们在团队里充分做出他们自己的贡献，得到强烈的自豪感、愉悦感和满足感。

加入了一个团队，也就是接受了共同的价值取向。有了共同的价值取向，才能不以个人利益为绝对利益，而是会主动站在团队的角度，充分考虑团队利益。作为企业和团队管理者，给团队成员一个共同的价值观，引导他们共同的价值取向，是必不可少的一个管理手段。

杰克·韦尔奇说："个人与企业共享的价值观能增进个人与企业的效率。如果这两者互不相关，就可能产生许多冲突和愤世嫉俗的事情；如果个人与企业都有相同的价值观，就能够和谐共事。许多优秀团队都有相同的价值观和信念。"就像这句话说的一样，但凡能够在团队中脱颖而出，

第八章 建设团魂：提升团队凝聚力

最终成为团队管理者的人才，一定是与团队有着共同的价值观，并且能够推动团队的价值观统一的人。

所有优秀的品牌和企业，永远都在致力于创造、维护整个团队的价值观和集体荣誉感。他们会以人为本，尊重员工的需求，强调集体的作用。而员工也会主动换位思考，充分尊重并信任公司，并以整个团队为骄傲。这也是企业或职场人士很重要的一种标签

很多在职者会被其他公司所青睐，很多求职者会接受到大量的橄榄枝。一方面是因为他们本身很优秀，更重要的，可能是他们曾经供职过的团队很优秀。在一个优秀团队工作过，除了有知识、经验、技能的积累，必然还会有集体荣誉感和价值取向的积累。

所以，从另外一个角度来讲，以团队为骄傲，其实也就是以自己为骄傲。绝大部分优秀的人，尤其是在优秀团队中工作过的人，既是这么想的，也曾因此而受益过。所以，加入了一个公司，就要迅速融入这支团队。主动站在团队的角度看待问题，以团队大局为重，充分维护团队利益，既不能因为个人私利、也不能因为外部压力而影响团队发展。在优秀的团队里工作的人必然优秀，但是再优秀的人，也永远都不可能是一个优秀的团队。

保持这种观点和态度，让自己适应并维护团队的共同价值取向，加强对团队的认同感和归属感，不断强化自己的集体荣誉感，不仅会让自己能够在团队中融入得更好、创造更多的价值，也能给自己未来的职业生涯带来更多的可能性。

4. 争做优秀"领头羊"

不想当将军的士兵不是好士兵,不想当优秀"领头羊"的领导不是好领导。对于一个领导者来说,要做到优秀,最重要的是要扩大自己的影响力。

什么是影响力?一般来说,影响力就是能使他人产生改变的能力。对于一位领导者来说,影响力就是用自己的精神改变员工,让员工按照团队目标发展。

在领导团队的过程中,领导者为了实现企业的目标,不得不采用各种方法来刺激员工的工作积极性,让他们把团队精神调整到最佳状态。通常,一个工作效率极高的团队,领导者的影响力也极大。

曾经有专家提出:"领导者的影响力是领导力不可或缺的一部分。"可见,影响力对于一名领导者来说是多么重要。实际上,在我们的身边有不少非常优秀的领导者,他们颇具远见,眼光独到,逻辑清晰,平易近人,他们用自己的精神不断地影响手下的员工,让他们变得十分上进。

随着竞争大环境的改变,领导者的影响力只局限于自己的团队肯定是不行的。现代企业管理的模式逐渐向扁平化靠近,各个部门之间的边界越来越模糊,合作的机会越来越多。在这种情况下,领导者大部分时间是在和同事交流,而不是和下属交流。有的时候,企业为了把项目完成得更好,还会跨部门建立工作小组,在这种临时组建的团队里,如何协调好合作关系,变得至关重要。

第八章 建设团魂：提升团队凝聚力

韩双是一家互联网公司的研发部项目经理，他的主要工作就是负责某个 APP 的后台管理和功能升级，他的团队里大概有五六名员工，他们的工作分别是 APP 界面设计、后台流量测试、APP 内容更新等。韩双对自己的团队和工作内容已经了如指掌了，不管发生什么问题，他都能解决，有时候甚至能预测危机。老板对韩双非常满意，韩双对目前自己在公司的地位也非常满意。

可是最近一段时间，韩双好像进入了一个瓶颈。公司接洽了一个大项目，是要把几个小 APP 组合成一个综合性的 APP。公司十分重视这个项目，还专门为此重新成立了一个项目部，部门里都是公司里的精英，由韩双统一领导。按道理说，工作应该十分上手才对，然而，他发现自己的工作很难进行。项目部里只有两名员工比自己低一级，其他的员工，虽说在项目部是自己的手下，其实他们和自己的职位是一样的。

在合作刚刚开始时，大家不太清楚韩双的做事风格，因此在工作上没有丝毫默契。加上每个员工还有其他的工作要做，因此分配任务就成了一个大难题。工作安排不好，韩双就没办法准确地掌握项目进度。他发现自己没有影响力了，不再像以前那样说一不二了，他的工作由以前的下达任务，高效完成，变成现在无限度的协商和谈判。项目部的其他员工对韩双的安排并不买账，韩双每天都要花大量时间去和大家沟通。

在职场上，像韩双这样的案例还有很多。很多公司为了提高工作效率，取消了部门制度，转而实行项目制度，针对具体的项目组成新的团队。这种变化的出现，意味着领导者要不断进步，加大自己的影响力，迅速团结成员，树立团队共同目标，激发团队成员的工作热情。

管理模式在变化，领导者与上下级、与其他部门之间，甚至和自己的

优秀团队建设： 创造每一个员工都想要归属其中的组织

关系都在发生变化，彼此之间的联系越来越紧密了。这样的紧密关系，对团队成员之间的信任度要求非常高，同时也在考验着每一个领导者的影响力是否足够大。想成为一名出类拔萃的领导者，要时时刻刻提升自己，不断扩大自己影响力的范围，带领员工共创辉煌。

那么，对于领导来说，要如何打造自己的全方位影响力，争做优秀团队"领头羊"呢？

（1）领导者要多传递积极向上的正能量

我相信，大部分员工的工作态度都是很积极的，他们能感受到工作的乐趣，这样的团队就是一个优秀的团队。这个团队的领导者一定经常给员工灌输积极向上的正能量。

如果一位领导者每天都坚持向员工问好，面带微笑跟每一个员工打招呼。也许刚开始员工还不适应，但是过几天，就会有员工渐渐向领导报以热情的问候了。这种方法屡试不爽，这种方法证明，只要你发自内心地去感染身边的人，周围的人一定会回报你。

（2）学会梳理自己的人际关系

在商场上，人际关系是非常重要的一部分。我们的人际关系就像是一张网，每个人都是这张网上的一个节点，这张网越大，就证明你这个人的影响力越大。

要想成为一名优秀的团队领导者，不仅要维持好团队内部的人际关系，还要不断衍伸自己的人脉关系，从基层到高层，从企业内到企业外，从行业内到行业外，甚至还要和自己的竞争对手保持关系。

领导者的人际关系越广，员工就会觉得你的能力越强。无形中你的形象就变得高大了，影响力也会变得更广泛。

维护人际关系，梳理人际关系，是一件非常花时间的事情，人际关系也是需要积累的，不要等到自己需要时才去寻找。在扩大人际关系时，领导者要发挥自己的个人魅力，让自己获得圈内人的认可，这样才能在自己需要帮助时，得到他人的支持。

（3）提高自己的语言沟通能力

领导者还要注意，扩大自己影响力离不开高超的沟通能力，有人甚至说，影响最大的人，反而是那些最会说话的人。

一个领导者想让自己的影响力不断扩大，就一定要下意识地提高自己的演讲能力。一个领导者发表意见时的谈吐，会直接决定自己的意见是否被大家接受。在关键场合，假如你连一整句话都说不清楚，怎么让大家明白你的观点，怎么提升自己的影响力呢？

因此，我建议领导者多看看有关演讲方面的资料，或者参加一些口才训练班，多在公共场合发表言论，扩大自己的影响力。

（4）多向员工伸出援助之手

助人为乐是我们中华民族的传统美德。在员工们需要协助时，领导者及时伸出一只手，给予他人帮助，也是扩大自己影响力的好办法。

比起资源，没有人能比领导者更多了。当领导者发现自己的员工或者其他的同事需要帮忙时，把自己的资源分享给他人，会给对方留下一个好印象，从而扩大自己的影响力。

5. 锻造领导乐观力，让团队信念永不垮

我们在前文中说到了太多提高团队积极性的办法，但是，我想说的是，那些都是治"表"，没办法治"本"，让团队始终保持热情的终极法则就是领导者的乐观力。

因此，作为一个团队的领导者，一定要把乐观积极的能量传递给员工们，让他们的工作也充满动力。这样团队才会更上一层楼，取得令人满意

优秀团队建设： 创造每一个员工都想要归属其中的组织

的成绩。

• • •

孙营是一家私企分公司的市场总监，之前的市场部总监被人高薪挖走了，还把部门里另外两名得力干将也带走了。由于孙营是从总公司"空降"来的，因此，他刚刚走上新的工作岗位时，手下的员工都对他极其不信任。分公司的工作内容和流程与总公司相比有一定的变化，部门员工对自己的岗位职责也不是很明白。可以说，总公司派他来就是收拾烂摊子的。

然而，孙营并没有被眼前的困难给吓住，他的性格十分乐观开朗，对于复杂的局面有很多的处理经验。入职后经过几天的磨合期，孙营马上进入了对部门员工的了解阶段。

在多次谈话后，他和员工之间的距离变得近了一些，有的员工私下里对他说："总监，我听说小郑也准备要跳槽了，你说我们以后还有前途吗？"

孙营对这位员工笑了笑说："你放心，我觉得我们的春天就要来了。你看看，哪个企业没有员工跳槽的事情，我们也不是第一家。良禽择木而栖嘛，每个人都有自己的选择。我相信那些辞职的员工肯定有他们自己的想法，对于我们部门来说，大浪淘沙，留下的就是精英，我手下还有这么多精英，加上我们之前的业务基础那么扎实，还有什么好担心的呢？"

每个和孙营沟通完的人都十分佩服孙营的乐观，他们认为孙营是一个值得信赖的领导，也渐渐消除了自己内心的疑虑。部门里也重回了往日的活力，大家有什么意见就大声说出来。后期，孙营调整了部门管理方案，在他的领导之下，整个部门的业绩非但没有下滑，还上涨了20个百分点。

• • •

其实，未来会如何发展，孙营也不清楚，但是他用自己乐观的性格、

第八章 建设团魂：提升团队凝聚力

积极的正能量打动了员工，带领员工把部门工作逐渐恢复正常。

积极乐观的人，他们的信念更坚定，不论何时都对世界、对人生怀抱着美好的向往。想要战胜挫折，把握机遇也离不开一个人坚定的信念。特别是身为领导者，一定要有乐观向上的心态，这样才能给下属战胜困难、渡过危机的信心。

坚定的信念，乐观心态，也是领导力重要的组成部分。领导者之所以有面对危机的勇气、迈出步伐的决心，正是因为他们时刻充满斗志，充满必胜的决心。良好的开端是成功的一半，另一半就是坚定的信念。领导者的乐观力会对员工造成很大的影响，提高他们的工作积极性，提升团队的归属感，激励他们为共同的目标前进。

如何培养自己的领导乐观力呢？说来说去，领导的乐观力其实就是一个人的综合素养。人有了底气，说话做事都很有自信，这就是乐观力、信念力。领导者不妨从以下几点入手。

(1) 领导者要对下属及时鼓励

乐观的领导者长什么样？我想这个问题最有发言权的是员工。每当员工工作中遇到难题时，领导者要多多鼓励他们，让他们重拾信心，保持乐观向上的工作状态。员工对领导抱有感激之情时，也会让部门充满一股积极向上的团结力量。当员工想打退堂鼓时，领导者要及时给他们提供帮助，帮助他们走出工作的困境。

除此之外，假如领导者想要提高自己的乐观力，不如多去鼓励员工。这又是为什么呢？因为不仅员工需要被鼓励，领导也需要被鼓励。有的领导者也许有过这样的经历：自己有时也会因某件工作心里没底，害怕失败，如果这时，员工恰好过来问同样的问题，那么自己一定要对下属进行鼓励。此时，自己的内心也会不知不觉地充满自信。

(2) 领导者要学会用辩证的眼光看问题

在哲学领域，任何事物都有正反两面，正如有"危"就有"安"，有困难就一定会有机会。领导者坐的位置比员工高，那么看到的局面也一定

优秀团队建设：创造每一个员工都想要归属其中的组织

和员工不一样。在这种情况下，员工看问题的角度是有限的，作为领导者就要把自己看到的信心传递给员工，实现信息分享。当工作遇到困难时，不要轻言放弃，而是要透过问题看到本质，发挥主观能动性带领团队解决问题。

俗话说："塞翁失马，焉知非福。"事情就是这样，也许你觉得这是一次损失，可转念一想，通过这次损失给自己上了一次课，下次不会再犯同样的错误，这不就是收获吗？

(3) 面对下属时，领导者要多强调乐观的部分

其实我们每个人都是"多面人"，在员工面前，领导者一定是以坚韧的姿态出现。然而，领导者也是人，也有脆弱的时候。当你感觉情绪十分低落，心里十分压抑的时候，不妨先放松一下，调整好自己的情绪再去工作。

当你在下属面前时，不管情绪多么低落，状态多差，也一定要保持坚强、乐观的样子。就算前景再渺茫，也要让员工感到你是充满信心的。前途越是渺茫，领导乐观力的作用就越大。当整个团队都洋溢着乐观的气息时，还有什么样的未来是到不了的呢？

第九章

团队为赢：创造有归属感的团队

员工是种子，团队是沃土，稚嫩的种子只有投身于团队的沃土中才能生机勃勃，茁壮成长；企业是船，员工是船员，大家只有同舟共济，荣辱与共，企业这条船才能载着所有的人挥戈猛进，扬帆远航！

优秀团队建设：创造每一个员工都想要归属其中的组织

1. 激发员工自豪感，让员工以团队为荣

你眼里的优秀团队是什么样子的？我觉得，一个优秀团队里的每一位成员都能以团队为荣。他们恪尽职守，用最饱满的热情面对工作，在他们眼里，团队的成功就是自己的成功。

激发员工自豪感是领导者必须做到的，只有团结的、有自豪感的团队，才能让每个员工都带着正能量工作。

实际上，一个优秀的团队就像是一群志同道合的人组成的一个大家庭。领导者要在最短的时间里提升团队的凝聚力，把原本没有战斗力的队伍变成一群骄傲的雄狮。

为什么一个充满自豪感的团队能够这么出色呢？这些团队有哪些特点？

(1) 团队成员之间相互信任

前文也讲过，团队成员之间完美合作的关键就是相互信任。我们可以发现，大多数自豪感超强的团队，团队成员之间可谓是推心置腹，毫无嫌隙，每一位成员都斗志昂扬。

他们在团队里畅所欲言，依赖自己的"盟友"，互相包容、优势互补、相互激励，共同进步；并且，领导者也常对他们强调信任的重要性，更重要的是，他们有共同的价值观，信守承诺，非常讲信用。

(2) 每一位团队成员都能参与到工作中来

如今，几乎大多数企业都在内部实行"参与管理"，让每一位员工都有机会当领导。这种做法在某种程度上满足了员工的"虚荣心"，让他们

觉得自己在团队中是有价值的,是被尊重的。

因此,整个团队都洋溢着一种跃跃欲试的热情,工作起来相当有主动性。

(3) 团队目标十分明确

一个优秀的团队,团队目标至上,而团队最大的目标,就是获得一个又一个让人骄傲的成绩。所以说,一个称职的领导者会给自己的团队确立一个明确的目标,让大家有的放矢,而不是像无头苍蝇一样到处乱撞。当目标明确,道路清晰,员工就会把角色从"我"转变成"我们",然后为"我们"奋勇前进。

(4) 成员之间相互倾听

曾经有一位管理者对我说:"在工作中,我非常看重员工之间相互倾听的氛围,在我的部门,始终是一种平等、开放的工作环境。"这位管理者说得非常正确,当大家的想法有出入时,领导者应当先化解矛盾,让大家冷静下来找到一种折中的方式,即使方法不能让大家都满意,至少可以达到团队的期望。

(5) 每个成员各司其职

成功团队的每一位职员都清晰地了解个人所扮演的角色是什么,并知道个人的行动对目标的达成会产生什么样的贡献。他们不会刻意逃避责任,不会推诿分内之事,知道在团体中该做些什么。大家在分工共事之际,非常容易建立起彼此的期待和信赖。大伙儿觉得唇舌相依,生死与共。团队的成败荣辱,"我"占着非常重要的分量。

激发员工的自豪感是一个很长的过程,以下步骤可供领导者参考:

首先,领导者要鼓励团队成员一心一意地投入到目前的工作中去。让他们感受到自己的努力是被看见的。

另外,你还要告诉员工,既然工作已经被安排下去就要认真去做,不要觉得另外的工作更重要就先做其他的事情。

其次,如果你想你的团队拥有超高的团队自豪感,就不能让成员们只

优秀团队建设：创造每一个员工都想要归属其中的组织

顾自己的工作，应该告诉他们，团队整体任务才是重中之重，确保每个人都明白团队的最终目的地在哪里。

在过去的工作集体中，大家只知道完成自己分内的工作，他们不明白自己手头的工作对于集体来说意味着什么。这样下去，大家体会不到成功的乐趣，怎么会产生团队自豪感呢？

把眼光放在团队的整体目标上，才能把团队的利益最大化。只要大家都明确了奋斗方向，不用领导者说，大家也知道路该怎么走。然而在实际工作中，团队为了达到整体目标，势必有些员工要做出牺牲，这样大家才能完成任务。

一个优秀的领导者，对自己的员工非常信任，用尽全力支持他们的工作。在这个团队中，每个成员都能畅所欲言，一个好的团队，不仅能让每个人充满自豪感，还能让每个人放心做自己，这才是团队该有的样子，不是吗？

经过在这个团队中的学习、交流，每一位成员都不断地发现新的自己，他们重新审视自己和社会的关系。在工作中，他们的内心得到了极大的满足，从而更加热爱工作。

什么样的团队最令人羡慕？我想一定是战无不胜的常胜将军。他们不断地迎接挑战，不断创造新的纪录。而作为这样一支团队的一分子，他们一定会昂首挺胸，十分骄傲地告诉身边的人："你看，这就是我战斗的地方，我喜欢这个团队，我为它感到骄傲。"

2. 包容员工，接纳意见，拒绝"一言堂"

一些著名的企业做出重大决策时，并不是老板一个人拍板决定的，而是许多中高层领导者经过慎重讨论，最后做出的决定。在作出决策后，也不会马上公布，还要经过多次会议讨论，征求更多人的意见，让这个决策更合理。而许多企业之所以得不到长久的发展，是因为在做决定时，都是老板一个人说了算，老板说向东，员工绝对不敢说向西。

大企业的做法体现了更完善的决策流程。制定决策不是一个人的事情，需要各部门员工集思广益，各部门领导多提意见，这样的决策才具有可行性。

某建材企业老板接下一笔订单，对方要求4个月内完成，给的价格很诱人，老板见钱眼开，想都没想，就同意了。签订合同后，老板马上把生产任务传达给了工厂，规定四个月内必须完工，并且保质保量。工厂接到任务后，仔细研究，发现订单有问题，马上找老板汇报。

厂长说："合同要求的这批建材虽然数量不多，工艺看起来也不复杂，但是，里面有一项工艺却很难做到。单单做这一项就要花费一个多月的时间，而且这项工艺的成本很高。时间上可以赶工，但是，客户需要额外支付这项工艺的价格才行，不然这笔订单就是亏本的。"

老板听完很着急，马上叫工程师来工厂研究这项工艺，忙活

优秀团队建设：创造每一个员工都想要归属其中的组织

了好几个小时，老板只好承认自己决策有误，让对方占了个大便宜。可是现在合同已经签了，如果反悔的话，违约金也是一笔不小的费用，如果继续，高昂的工艺费用也是一个压力。经过综合考虑，老板决定先完成订单，保住企业的信誉。

· · · · ·

这位老板犯了"一言堂"的错误。也许在创业初期，很多老板都是这样的行事作风，可是企业规模小，各项工作流程也不规范，那时搞一搞"一言堂"不会对企业造成多大的损失。但当企业的规模越来越大，"一言堂"的决策方式必须被淘汰，企业要依靠团队的智慧来做出更多更正确的决策。

· · · · ·

年轻时的陈强是一个很难相处的人，他言语犀利，容不下他人的不同意见，经常因为言语不和与他人发生争执，也因此得罪了很多人。

终于，一位长辈看不下去了，向陈强建议道："你的确很有才华，口才也很优秀，但你没有朋友，得不到他人的支持，这让你不能发挥出真正的能力。"

陈强说："我确实没什么朋友，因为别人总是跟我的意见不一致，他们都是错的。"

长辈严肃地说："看看你吧，浑身是刺，因为别人和你的意见不一致，就武断地判定别人是错的，你这是在打击每一位和你意见不同的人。你应该多一些包容，你没有权利让别人和你的观点一致，更没权利去打击别人。"

陈强惭愧地低下了头，想到自己在社会上的种种不顺利，他决定听取长辈的忠告，改正自身的缺点。

陈强给自己立下了四条规矩：第一，不允许自己的文字或措辞太激烈；第二，以后绝不正面反对他人的意见；第三，在必须

第九章 团队为赢：创造有归属感的团队

反对他人的意见之前，先肯定对方；第四，不可武断地反对他人的意见，要经过深思熟虑。

经过一段时间的改正，陈强的生活发生了质的变化，他说："当别人的观点让我无法认同时，我不会马上反驳他，也不会当面指出他有错误的地方。我会先等他说完，然后对他的观点进行肯定，接着再陈述我自己的观点。我和他是在讨论一个问题，而不是一定要分出个高下。当我开始用这种方法后，我觉得大家都对我友善多了，我觉得被人尊重是一件非常快乐的事情。有人愿意和我交流，我的意见大家也都支持。"

正是因为有了包容心，才改善了陈强的人际关系。一个人能够听取别人的不同意见，他的融合力就会倍增，就能营造融洽的人际关系。

领导之所以要包容员工的不同意见，就是因为每个人思考问题都不会特别全面。一个领导者的能力再出众，他的一个人的力量都是有限的，不可能做到像百科全书那样，什么都知道，什么都能处理。所以，优秀的领导者，非常重视下属的意见，给下属畅所欲言的空间，尊重下属的话语权，这样的管理对团队来说是有正面意义的。

如果在一个团队中从来都没有人发表意见，老板指哪儿打哪儿，这样的团队是不可能有光明的前途的，就算取得了暂时的繁荣，也难以长久。

有句俗语说得好，地低成海，人低成王。也就是说，一个拥有包容心的人，他的胸怀如大海般广阔，不会因为与他人意见相左就打击报复，这样的人才能成就事业。作为领导者要有能包容下属的胸怀，对于下属提出来的意见，要耐心接受。

在团队中，因为每个员工的想法各有不同，一定会产生不同的意见。这些意见有些是合理的，有些是不合理的；有的员工提建议时十分谦卑，

优秀团队建设：创造每一个员工都想要归属其中的组织

而有的员工提建议时像是命令一般。提建议的人也多种多样，上至高层管理者，下至基层员工。

作为领导者，在接受员工不同意见时，不能戴着有色眼镜看人，首先要全盘接受，然后根据建议的内容进行分类，有些合理的意见可以逐渐运用到工作中来，没有益处的意见也要向员工做出反馈。态度谦虚的人提出的意见是有用的，态度傲慢者提出的意见也同样有用。员工之所以会提意见，就说明员工在切实为团队着想。

对企业来说，不仅要重视管理层的意见，基层员工的意见也不能忽略。因为每个人所处的职位不一样，看问题的方式方法也不一样，领导看得到的问题员工看不到，而员工能发现的问题，领导不一定能发现，这就需要大家群策群力，企业才能一直向前发展。

实际上，包容不同意见不仅仅有利于领导者掌握更多信息，更重要的意义在于可以提早发现潜在的危机。如果领导者对员工提出的不同意见根本不在乎，员工就会产生逆反心理。员工一定会经过思考才提出问题，不可能信口开河。员工觉得这个意见对团队有利才会提出来，如果领导者不予理会，会严重打击员工的积极性。次数多了，员工就不会提意见了，既然领导不重视，员工为什么还要上心？如此一来，一条上下沟通的渠道就被切断了。

从领导者对待"异见者"的态度，可以看出他是否真心实意对待员工；对待不同意见的态度，考验着领导者的情商和胸怀、决定领导者能否做出最正确的决定；判断一个领导者是否具有向心力，看他对不同意见的态度就行了。对待不同意见的态度，决定领导者能不能给员工塑造一个家一般的工作环境。

总之，领导者必须要包容下属的不同意见，即便意见是一些无理的要求，领导者也必须以广阔的胸怀接纳。领导者要明白，在管理中，员工提出的改进建议不是"剧毒"，而是促进企业发展的"处方"。

下面再总结四项有利于听取下属不同意见的方法。

(1) 启发式提问

员工在向领导提意见时，心中一定会紧张，怕引起领导的不快。所以，领导者要在员工左右两难是否发表意见的时候，使用幽默缓解尴尬，当下属感受到领导的平易近人后，才会真正敞开心扉。优秀的领导还会利用启发式提问，引导员工说出事先没有考虑到的意见。

(2) 记下要点

实际上，只要员工提出了意见，多少都会对团队有帮助，至少能帮助领导打开思路。因此，领导在听取意见时，要用笔记下员工的意见要点，注意事后思考，善于从员工的意见中捕捉到最有意义的内容，并及时提出来，引导员工进一步思考。

(3) 平和讨论

在团队中经常会出现这种现象，针对某个问题，员工发表了意见，领导不同意；或者领导发表意见，员工又不想接受。至于到底谁的意见最终是正确的，实践会给出答案。领导必须让员工大胆地把自己的意见说出来，对正确的、有价值的意见，不仅口头上接受，在工作中还要采纳，还要给予该名员工表扬甚至奖励；当团队意见出现分歧时，讨论时一定要心平气和，千万不可用领导的权威打压员工。

(4) 内心坚定

领导要把员工的意见放在心上，并不是说领导要对员工的意见全盘接受。在员工提出建议后，领导必须通过分析得出结论，这个建议是否可取？工作中有哪里需要调整？全盘推翻对团队有好处吗？领导者在工作中必须学会独立思考，能够听取不同意见，但是不要在工作中受到其他因素的影响。一句话，领导者要包容别人的意见与感受，要能接纳不同的意见。

在纷繁复杂的意见里，领导者要做的就是耐心倾听，包容所有的意见，并照顾员工的情绪，把"一言堂"的消极风气彻底清除，这才是卓越的领导者该有的大智慧。

3. 让好队员打心底里想"加入团队"

微软让数以百计的员工成为了百万富翁。可是，很少有人知道，当这些人功成名就之后，仍然选择留在微软工作，继续为微软效力。在大多数人眼里，发财就等于获得了提前退休、享受人生的资格，但是微软的百万富翁们却不那样认为。微软为什么能让百万富翁心甘情愿地为自己打工？因为微软有一种独特的吸引力，让这些好队员打心底里想加入这个团队。如何让自己的团队拥有吸引力呢？这就是本节要讨论的问题。

首先我们要了解，什么是团队吸引力？

团队吸引力是团队合作力、沟通力和信任力融合的产物。换句话说，当一个团队同时拥有信任力、合作力和沟通力，并且能把这三种力量发挥到最大时，才可能拥有像微软那样成功的团队吸引力。

当你面对一个十分有能力的人才时是否这样想过："不管用什么方式，我都要让这个人加入我的团队。"特别是当领导者掌握人事生杀大权时，这种想法就更强烈。

可是，不管领导者这种愿望有多么强烈，也不能忽视对方的想法，命令他加入自己的团队。对方很可能会用各种方式来回绝你，比如"我不太适合这个项目，专业不对口"，或者"我的能力还不够"，等等。如果领导者我行我素，强行拉对方"入伙"，不管是对团队还是对个人来说，都不是一个恰当的选择，很可能会造成两败俱伤。与其如此，领导者还不如花时间来打造自己的团队吸引力。

那么，作为领导者要如何培养团队吸引力呢？

（1）要打造团队沟通力，解决团队冲突

沟通力是高素质团队紧密团结的纽带。有效的沟通力主要表现在沟通的即时性、主动性和创造性上。

对于一个团队来说，要让团队运作良好，领导者和员工之间应该多沟通，多交流。解决背景、文化差异带来的沟通障碍是构建团队吸引力的第一步。

背景文化的差异是团队管理中需要面对的重要问题，团队成员来自五湖四海，他们有不同的文化背景和风俗习惯以及宗教信仰，难免会在信息理解上有偏差，甚至出现误会。

为了避免这种情况的发生，团队要对员工进行文化培训，让员工快速了解他人的文化背景，解决沟通上的障碍；企业可采用多元化的沟通方式，比如文件传达和谈话交叉使用；尽量规范解决问题，比如语言要标准，文件要正式等；沟通也要柔性化，在标准化的同时要适当"不标准"。

团队有效运作的基础是知识和信息。员工只有掌握了必备的知识和有效的信息后，才能充分发挥自己的潜力，为企业创造更多价值。团队冲突大部分由于沟通不畅，解决沟通问题，能大大降低团队冲突的频率。

如果企业的技术能力跟得上的话，可以尝试电子沟通的方式，建立一个企业互动论坛。员工在这个论坛上能够畅所欲言，这样能保证每个人的发言权不受限制，其他员工也能看到，做到信息共享。团队的吸引力离不开信息的有效沟通。

（2）要打造团队合作力，提高团队魅力

没有沟通就没有合作，没有合作就没有团队吸引力可言。在狼群中，这是不可争辩的事实。一只狼想要加入狼群，它必须先学会臣服，然后才能和其他狼一起合作。实现团队的高效合作，不再是简单的督促和监督，而是四位一体的有机管理过程：合作有序化—合作目的化—合作自动化—合作合理化。

团队合作的目的多种多样。其中有两个目的最为重要：第一，达成团

优秀团队建设：创造每一个员工都想要归属其中的组织

队集体目标；第二，让团队成员实现自我价值，满足成员的更高需求。正是这两个目的才打造出团队的吸引力。

(3) 要打造团队的信任力，塑造团魂

信任，是高素质团队必不可少的品质，一个团队的信任力直接决定着团队的发展。团队能不能质变，还要看团队内部的信任力如何。从社会关系中，我们能看出来，信任是极其脆弱的，人与人之间需要很长的时间才能建立起宝贵的信任。更重要的是，信任是一种循环模式，因为信任会带来信任，不信任会带来不信任，要维持一种信任关系就需要团队成员的精心呵护。

在构建信任的过程中，有五个要素是非常重要的——正直、能力、惯性、忠诚和开放。

把这五个要素落实，团队信任的气氛很容易就能建立起来。

团队拓展是一种增强团队成员信任感最有效的方式。作为领导者，可以多加利用。每隔一段时间就让团队成员在一起做一些加深信任的游戏，组织一些集体活动，这样，不仅可以加深团队之间的信任感，还能减轻员工的工作压力，何乐而不为呢？

这时，领导者应该用客观的角度来向对方解释接受这份工作的优势和风险，并且把自己"希望对方加入"的想法明确地表达出来。

另外，为了让对方能够心甘情愿地接受这份工作，领导者还要采用一些非正式的方法，拉近自己和对方的关系，让对方做好完全的工作准备。

最后，千万不要忘了对对方说一句："最后的决定权还是在你，不管最后你的决定如何，都不会影响我对你的看法，以及对你能力的肯定。"

事实上，越是那些工作能力突出的人，当他感受到自己是被需要的，并且能体会到别人的重视和尊重时，他接受别人请求的希望越大。

打造团队吸引力的过程，是以团队信任为底线，以团队有效沟通为平台，形成团队的核心吸引力，打造出团队独特的竞争优势。这样，才能吸纳更多人才自愿加入自己的团队。

4. 由"打工者"到"主人翁"的转变

有些领导者一定听到过员工这样的抱怨：

"公司又不是我开的，盈利不盈利跟我有什么关系？"

"老板给我多少钱，我就干多少活。"

"又说我不尽力，我就是打工的，到底要我怎么样才满意！"

听到员工发出这样的抱怨，身为领导者的你一定很难过。每个领导者都希望自己拥有一个团结的团队，但是现实给你泼了一大盆冷水。大多数员工认为自己只是个小小的打工仔，公司的前途跟自己有什么关系呢？挣钱养家而已，抱着"做一天和尚撞一天钟"的心态，浑浑噩噩地工作着。说到底，这些员工没有主人翁意识。

老周是一个勤勤恳恳的建筑工人，年过五旬，为了生活还在每天顶着暴雨和烈日爬上爬下。有时候老周也会抱怨，但只要想想家里的妻子儿女，他就会觉得这份干了快一辈子的工作还是值得珍惜的。

有一天，公司的总裁李威来视察即将完工的大楼，在人群中发现了老周。他们像多年不见的老朋友，亲热地交谈了半个小时，然后李威又去别的地方视察了。其他的工人很惊讶，不明白老周怎么会和总裁那么亲热，纷纷围上来询问。

老周有些不好意思地说："20年前我和总裁李威在同一天进入一家公司成为建筑工人。"

优秀团队建设：创造每一个员工都想要归属其中的组织

有个工友半开玩笑地问道:"那为什么你还在这儿干苦力，而他却成为公司总裁呢?"

老周满脸愁云地说:"20年前我是为了每小时5块钱的薪水而工作，但李威和我们不一样，他是为了这个城市的建筑而工作。"

相信很多人都看过这个故事，却很少有人去回味其背后的哲理：老周和李威同一天在同一家公司参加工作，为什么20年后的命运会有如此大的差别呢？根本原因就在于老周没有主人翁意识，总是抱着打工者的心态；而李威则是为了自己的目标、自己的梦想而工作。

日本著名企业家井植薰说:"对于一般的员工，我仅要求他们工作8个小时，能在上班时间内考虑工作就可以了。对于他们来说，下班之后跨出公司大门，就是自由时间了。如果你只满足于这样的生活，思想上没有想干16个小时甚至更多时间的念头，那么你这一辈子只能是一名普通员工。如果不想一辈子平庸，你就应当自觉地在上班以外的时间多想想工作，多想想公司。"

我们有句俗话叫:"一个篱笆三个桩，一个好汉三个帮。"成功是靠同事的协助、团队的努力，而不是靠自己的单打独斗。只有让团队中的每个成员都树立起主人翁精神，团队才有活力。

每个团队领导者都喜欢在团队初建时对员工们说:"大家要把企业当成第二个家。"不过领导者在向员工强调"把公司当成自己的家"的时候，应该先做到为员工创造一个家。

宁波有一家外贸公司，这家公司有一名叫作夏宇的员工，他在这家公司工作快15年了，对他来说，公司就就像自己的家一样，甚至他的终身大事都是公司帮忙解决的。原来，这家公司在内部专门为单身员工建立了一个交友平台。这家公司的人力主管

第九章 团队为赢：创造有归属感的团队

说："这样做还能稳定员工，降低人才流失率呢！"

夏宇刚进公司时，就在同事和领导的怂恿下把自己的个人信息发在了交友平台上。在这个平台上，只要上传了自己的征友启事，就有权限查阅电脑档案，直到找到自己理想的对象。一旦有人被选中，中间人会把其中一方的资料寄给另外一方，如果双方都满意，就可以安排见面，第一次约会后，双方都必须向中间人汇报自己对对方的感受。

终于有一天，同在这家公司当客服人员的佳婷走进了夏宇的生活。他们的第一次约会，是在离公司不远的一家餐厅里共进晚餐，这一顿饭吃了大概有3个小时。半年后，他们就决定结婚了。婚礼是由夏宇的主管操办的，证婚人是公司副总，来宾中一大半都是夏宇夫妇的同事。

- - - -

团队营造归属感，员工自然会把心思完全放在工作上，对团队产生一种"鱼水之情"。这样的管理成效是常见的奖金、晋升所无法比拟的。

一个团队就像是一个大家庭，一条完善的流水线，我们每个成员都是流水线上不可或缺的一员。作为团队的领导者，我们要想方设法让这条流水线顺畅地运作，而顺畅运作的前提就是每个员工要有主人翁意识，把团队的事情，当成自己的事情来做。在培养出员工的主人翁意识后，员工就会处处以团队的利益为重，工作时就会从被动变为主动，愿意以实际行动为团队添砖加瓦。

5. 真正的成功是让团队具有归属感

一个领导者要想轻轻松松管理自己的团队，那么让团队具有归属感就是必须的。没有归属感的团队，就算领导者是"千手观音"，也很难将员工凝聚在一起形成合力。如今，越来越多的企业把员工是否具有团队精神列入考核目标，越来越多的人才，把这个企业是否具有归属感列为自己的选择条件。

IBM公司这样强调："团队归属感反映一个企业的素质，一个企业的能力很强，但没有归属感，IBM不会做这样的公司。"

SGI公司的管理层曾经说过："SGI公司生产世界上最先进的计算机，但世界上有一种仪器比计算机更精密，也更具有创造力，那就是人的身体。归属感就好比人身体的每个部位，一起合作去完成一个动作。对公司来讲，归属感就是每个人各就各位、通力合作。公司的每一个奖励活动或者业绩评估，都是把个人能力和团队归属感作为两个最主要的评估标准。"

雅虎这样强调说："一个好的团队，除了具有电脑知识外，更重要的是具有无上的团队归属感。"

可见，真正成功的公司，都会把团队归属感放在第一位。事实上，许多国际知名公司都十分注重提升团队归属感，这一点在很多大企业中显得尤为突出。

为了让企业更有归属感，沃尔玛公司设想出许多不同的计划和方法。其中最核心的一条是感激员工。萨姆·沃尔顿相信没有

第九章 团队为赢：创造有归属感的团队

人会拒绝别人的赞扬和肯定。所以，公司应该找出那些值得表扬的事情，寻找出色的员工，让员工知道自己对公司而言是多么重要。

沃尔玛还专门创办了员工杂志——《沃尔玛世界》，这就是一个员工的赞扬讲坛。在这本杂志里，向员工宣传公司利润的不断增长，以及对即将退休员工的高额分红。这样的方式，能让员工在退休后还不断回想自己在沃尔玛的那些岁月。仿佛沃尔玛是他们的第二个家，让他们感受到极大的归属感。

沃尔玛员工杰西在一期特刊中说道："萨姆·沃尔顿先生曾经告诉过我们两件事，我永远记得。他对我们的工作大加赞扬的同时，也会告诉我们，永远都不要以为自己是无人能取代的重要人物。我以前从未听人说过，以后也再没有听到有人这样讲过。"沃尔玛的员工对公司、对老板有一种超乎寻常的钟爱，员工们也把这种爱回馈给了沃尔玛的顾客们。这种良好的工作氛围，离不开沃尔玛对于企业归属感的建造。

沃尔玛公司还特别注重对员工的精神鼓励，从总部到分店的橱窗中，一直张贴着优秀员工的照片。每个商店都安排一些退休的老员工佩戴沃尔玛胸牌，身着沃尔玛工作服迎接顾客。这不但起到了安保作用，也是对老员工的一种安慰。除此之外，沃尔玛还对那些特别优秀的管理人才授予"萨姆·沃尔顿企业家"的荣誉称号。

为了给员工创造良好的企业归属感，鼓励员工创造更多业绩，沃尔玛还在不断努力，不断尝试，尽力为员工提供更好的工作环境，提高员工的工作热情。

现在，团队归属感已经成为团队文化的重要组成部分，"团队归属感"对领导者有着更高的要求，比如领导者要善于与员工沟通，尊重团队成员，懂得以自己的方式同员工合作，学会向员工学习，懂得提升自己的管

优秀团队建设：创造每一个员工都想要归属其中的组织

理技能。

任何一个团队都是一个有机的整体。虽然领导者是这个有机整体的核心，但领导者根本不可能只凭个人的力量来完成公司的目标，更不用说战胜困难。只有发挥团队的力量，才能实现团队目标。因此，想要在激烈市场竞争中获胜，巨大的团队归属感是必不可少的条件。领导者管理能力的表现之一，就是他比其他人更懂得如何提升团队的归属感。

利皮特博士曾经说过："人的价值，除了具有独立完成工作的能力外，更重要的是富有和他人共同完成工作的能力。"所以，领导者想要提升团队归属感就不能以自我为中心，假如领导在团队中不能很好地与大家合作，团队缺乏归属感，你就带不好队伍，就不是合格的领导者。所以，精明的领导者都特别注重团队归属感。

沈英伟在程序设计方面是个天才，大学毕业那年他被高薪招聘到一加科技公司。进入公司后，沈英伟在工作中表现非常突出，程序设计方面的天赋更是得到了老总的认可，每次都能按计划、保证质量地完成公司安排的项目任务。哪怕是在别人手中完成不了的程序设计，只要到了沈英伟那里，都能迎刃而解。为此，公司对沈英伟非常满意，有意提升他为项目主管。

然而，公司在考察中却发现，沈英伟有一个致命的弱点，那就是他在完成自己的任务时，独立性非常强。有很多次，同事因为他不配合而在工作上出现了差错。因为沈英伟很少关心其他事情，很少为别人解答疑惑，更谈不上和他人合作了。另外，他经常找各种借口，拒绝参加公司举办的集体活动。

显然，像沈英伟这样不具备团队精神的员工，自然不能成为团队的主管。因为他太自以为是了，丝毫不懂得团结员工，让自己的团队拥有归属感，公司因此放弃了对沈英伟的提拔。

关于团队精神，IBM公司这样定义："团队就是一小群有互补技能，为了一个共同的目标而相互支持的人。对于一个团队来说，最基本的是要有一个清楚的目标：志同道合。"

显然，沈英伟只对自己的工作感兴趣，对共同的目标不感兴趣，对支持他人更是冷若冰霜。这样的人怎么可能管好一个团队，集合大家的信心呢？他甚至连一名称职的员工都算不上，因为当整个团队都在步调一致地行动时，他只自私地埋头于自己的工作，所以他必然会成为整个团队前进的阻碍！

因此，工作能力和团队精神对公司而言是同等重要的，如果说个人工作能力是推动公司发展的纵向动力，那么团队归属感就是横向动力。我们应该如何提升团队归属感呢？

（1）加强企业文化学习，提升归属感

首先，不得不提到企业文化，良好的企业文化能够为员工创造一个和谐的人际关系，轻松的工作氛围，让他们充分发挥自己的能力，实现自我价值，深刻地感受到团队的归属感。

（2）提高员工的待遇，改善归属感

为什么员工需要归属感？从心理学上来说，这是人类的一种心理需求。马斯洛的需求层次论也反映了这个道理。只有满足了人的需求，才能让人发自内心地感到满足，他才会体会到归属感。领导要如何满足员工的需求呢？最直接的方式就是给员工提供最优渥的工作待遇和十分有竞争力的薪水。

（3）加强有效的沟通，加深归属感

沟通是人类一项不可或缺的人际交往活动。有效的沟通能够改善组织和个人的关系，让员工不断提高自己的技能，提高自身素质，发挥巨大的能量，积极完成工作任务，通过良好的人际沟通，拉近员工间的关系，满足员工的社会需要，改善员工的工作态度，从而增强其团队归属感。

一个具有归属感的团队，可以更好地完成企业的宏伟目标；一个具有归属感的团队，可以更好地达成公司的经营方针；一个具有归属感的团队，可以把公司带到永续经营的至高境界！